Aberta a todas as correntes do pensamento, integra autores modernos e textos fundamentais que vão da filosofia da linguagem à hermenêutica e à epistemologia.

O que é o conhecimento

Título original:
Che cos'è la conoscenza

Tradução: José Serra
Revisão: Inês Guerreiro

Capa: FBA

Depósito Legal n.º 451890/19

Biblioteca Nacional de Portugal – Catalogação na Publicação

PIAZZA, Tommaso

O que é o conhecimento. – (Biblioteca de filosofia contemporânea)
ISBN 978-972-44-2133-9

CDU 165

Paginação:
Aresta Criativa – Artes Gráficas, Lda.

Impressão e acabamento:
Artipol - www.artipol.net

para
EDIÇÕES 70
Fevereiro de 2019

EDIÇÕES 70, uma chancela de Edições Almedina, S.A.
Avenida Engenheiro Arantes e Oliveira, 11 – 3.º C – 1900-221 Lisboa/Portugal
e-mail: geral@edicoes70.pt

www.edicoes70.pt

Tommaso Piazza

O que é o conhecimento

70

Índice

Introdução

O conhecimento é uma coisa importante. É uma coisa que desejamos possuir e que buscamos nos nossos semelhantes. Aspiramos tê-lo porque temos necessidades práticas que só conseguimos satisfazer se formos capazes de perceber como funciona o mundo. Mas não só. Como sublinhou Aristóteles no início da *Metafísica*, aspiramos ao conhecimento porque somos curiosos, e sabermos como as coisas estão é algo que nos satisfaz enquanto tal, mesmo independentemente das consequências práticas. Mas em que consiste esta condição? O que significa conhecer? Naturalmente, se fizermos perguntas, na vida de todos os dias como nos laboratórios científicos ou nas salas de uma universidade, aquilo que nos interessa é encontrar as respostas certas. Mas uma resposta certa — uma crença verdadeira — pode não ser suficiente. Na verdade, podemos embater-nos acidentalmente, como acontece a quem se põe a adivinhar e acerta ou a quem, de novo por acaso, chega a uma conclusão certa com base num método irracional.

Uma crença verdadeira formada deste modo carece de algo que nos impede de lhe atribuir o valor que damos ao conhecimento. Mas o quê, mais exatamente? Por outras palavras, qual a diferença entre ter uma crença verdadeira e conhecer? Os filósofos, pelo menos desde Platão, sempre tentaram responder a estas perguntas. Este livro dedica-se a percorrer as principais respostas que foram dadas e debatidas pela epistemologia contemporânea.

No primeiro capítulo é levantada uma questão preliminar, relativa a como devemos interpretar a pluralidade de usos do verbo «conhecer» presente na vida quotidiana. Aparentemente, exprimimo-nos como se existissem pelo menos *três* tipos de conhecimento: o conhecimento que temos de proposições (saber *que* Florença foi capital de Itália), o conhecimento de pessoas e objetos (conhecer Florença ou conhecer o sabor da *ribollita*, sopa típica da Toscana) e o conhecimento relativo a como fazer determinada coisa (saber imitar o dialeto toscano). Esta distinção, como veremos, não é universalmente aceite, e já foi defendido que o segundo e o terceiro tipos de conhecimento são, na realidade, redutíveis ao primeiro.

A partir do segundo capítulo, concentraremos a nossa atenção no primeiro tipo de conhecimento, o proposicional. Em particular, vamos questionar-nos sobre as características que uma crença verdadeira deve ter de maneira a ambicionar o título de conhecimento. Segundo a resposta tradicional, que alguns fazem remontar ao *Ménon* platónico, para saber que as coisas estão de determinada maneira é necessário ter uma crença verdadeira baseada em boas razões, ou seja, justificada no plano epistémico. Esta resposta tradicional vai requerer alguma explicação. Deter-nos-emos, em particular, em duas questões.

A primeira diz respeito ao tipo de propriedade que os epistemólogos têm em mente quando dizem que o conhecimento requer uma crença *verdadeira*. A segunda, a que é dedicada a segunda metade do capítulo, diz respeito à noção de *justificação epistémica*. Juntamente com o conhecimento, a justificação é uma das noções centrais da epistemologia. Por isso, nesta parte do livro vão ser debatidas as principais questões que emergem relacionadas com esta noção: entre outras, o que distingue a justificação epistémica de outros tipos de justificação, em que consiste a distinção entre internalismo e externalismo, qual a distinção entre justificação proposicional e justificação doxástica e a distinção entre *prima facie* e *ultima facie*, à qual se liga a questão dos *defeaters*; por fim, serão discutidos os princípios do fechamento e da transmissão epistémica. Esta segunda parte do capítulo pode ser lida independentemente do resto do livro, mas também tem a finalidade de disponibilizar os instrumentos conceptuais necessários à elaboração de uma versão mais precisa da resposta tradicional à questão da natureza do conhecimento.

No terceiro capítulo serão apresentados dois célebres contraexemplos da análise do conhecimento elaborados por E. Gettier (1963). Estes exemplos, essencialmente, mostram, como veremos, que uma crença pode ser justificada e, em simultâneo, ser verdadeira de modo demasiado acidental para ser conhecimento. Tais exemplos, que representam uma verdadeira linha de separação na epistemologia contemporânea, deixam em aberto a questão do que garante que uma crença, se verdadeira, não o seja de modo demasiado casual para ser considerada conhecimento genuíno.

O quarto capítulo percorre as principais respostas — à tal questão — que surgiram nos últimos cinquenta anos de reflexão epistemológica. Vamos ocupar-nos, em específico, das respostas segundo as quais o conhecimento requer razões verdadeiras, razões não derrotadas, causas apropriadas, crenças sensíveis, crenças seguras ou crenças virtuosas. Este capítulo documenta também desenvolvimentos mais recentes no âmbito da reflexão sobre o conhecimento. Ocupar-nos-emos da abordagem antirreducionista ao conhecimento promovida por T. Williamson, segundo a qual o conhecimento é uma noção inanalisável e pode ser utilizada para compreender outras noções epistemológicas como, por exemplo, antes de mais, as noções de evidência e de justificação. Depois, discutiremos as duas recentes posições que puseram em discussão a ideia, tradicionalmente dada por adquirida, de que as condições relevantes para o conhecimento (ou, pelo menos, para a verdade das atribuições de conhecimento) apenas têm a ver com a verdade. Em particular, ocupar-nos-emos do chamado *pragmatic encroachment* — a tese segundo a qual o conhecimento também depende dos interesses práticos do sujeito — e do contextualismo epistemológico — a tese segundo a qual, quando falamos de conhecimento, não falamos sempre da mesma coisa, mas, consoante o contexto, entendemos relações cognitivas diferentes.

Por fim, no quinto capítulo, pomos a questão de saber se o conhecimento é uma condição a que podemos legitimamente aspirar. Por outras palavras, debateremos sobre o problema do ceticismo. A versão do problema cético de que nos vamos ocupar, em específico, é a versão inspirada nas *Meditações sobre a Filosofia Primeira* de

Descartes, segundo as quais não podemos ter conhecimento do mundo externo porque não podemos deixar de ser protagonistas de um cenário cético, isto é, de uma situação em que as nossas perceções, por mais indistintas que sejam de perceções verídicas, nos enganam sistematicamente. Esta forma de ceticismo chamou a atenção dos epistemólogos contemporâneos e estimulou, como veremos, uma multiplicidade de respostas.

1. Os tipos de conhecimento

O verbo «conhecer» e o substantivo «conhecimento» são utilizados na linguagem comum de, pelo menos, três modos diferentes, ou seja, para designarem três coisas à primeira vista distintas: o «conhecimento que» (também designado conhecimento proposicional), o «conhecimento direto» (também chamado conhecimento por *acquaintance*) e o «conhecimento como» (ou conhecimento processual). Só o primeiro tipo de conhecimento está orientado para a verdade. Por este motivo, é bom, desde logo, fazer a distinção entre a primeira noção — que é aquela a que este livro se dedica, sobretudo, e que habitualmente é alvo do ceticismo — e as outras duas noções de conhecimento.

1.1. O conhecimento proposicional

Comecemos por caracterizar o conhecimento proposicional. Consideremos os seguintes enunciados:

(1) O Tommaso sabe que Pavia é uma cidade lombarda.

(2) A Carolina sabe que para fazer a *panzanella* é preciso utilizar pão duro.

O tipo de conhecimento em (1) e (2) é uma relação entre um sujeito (o Tommaso, a Carolina) e uma proposição verdadeira (respetivamente, a proposição de que Pavia é uma cidade lombarda e a proposição de que para fazer a *panzanella* é preciso utilizar pão duro). Por isso, o tipo de conhecimento atribuído por (1) e (2) é habitualmente dito proposicional. Mas aquilo que as proposições são, do ponto de vista filosófico, é tema controverso. Neste livro, felizmente, podemos limitar-nos a caracterizar as proposições descrevendo as funções que lhes são atribuídas. Comecemos por observar que um enunciado declarativo de uma determinada língua, como «O gato está no tapete», em português, se distingue de uma concatenação desordenada de sinais, como «fsggs nbdg tst», pelo facto de ter um significado. Segundo a maior parte dos filósofos da linguagem, as proposições são aquilo que os enunciados significantes de uma língua exprimem. Dois enunciados, da mesma língua ou de línguas diferentes, são sinónimos na medida em que exprimem a mesma proposição. Em segundo lugar, as proposições são o conteúdo das crenças. Duas pessoas creem a mesma coisa na medida em que as suas ocorrências mentais têm por conteúdo a mesma proposição. A partir do segundo capítulo vamos dedicar-nos exclusivamente ao tipo de conhecimento que tem por objeto uma proposição. Antes de avançarmos, deve registar-se, como já foi antecipado, que parecem existir também outros tipos de conhecimento.

1.2. Conhecimento por contacto ou conhecimento por *acquaintance*

Consideremos as seguintes atribuições de conhecimento:

(3) O Tommaso sabe que sabor tem o morango.

(4) O Nicola conhece Salisburgo.

Se dermos crédito ao que Bertrand Russell parece afirmar num breve artigo de 1910, *Conhecimento por contacto e conhecimento por descrição* (Russell, 1910), e no capítulo homónimo da obra, *Os problemas da filosofia*, de 1912 (Russell, 2008), o conhecimento atribuído em (3) e (4) é uma relação não entre um sujeito e uma proposição, mas entre um sujeito e um objeto (em sentido lato), no primeiro caso uma sensação gustativa, no segundo uma cidade. Eis como Russell caracteriza este tipo de conhecimento:

> O conhecimento das coisas, quando é do tipo a que chamamos conhecimento por *contacto*, é essencialmente mais simples do que qualquer conhecimento de verdades e é logicamente independente do conhecimento de verdades, mas seria precipitado pressupor que os seres humanos alguma vez estão, de facto, em contacto com coisas sem ao mesmo tempo saber alguma verdade sobre elas. (*ibidem*, p. 107)

Os objetos não são o tipo de coisa da qual se possa dizer que é verdadeira, se não num sentido muito específico. De uma pessoa pode dizer-se que é um verdadeiro jogador de râguebi, pretendendo com isso afirmar-se que possui uma série de qualidades — a força, a lealdade, o controlo — que um bom jogador de râguebi deve ter; de Tóquio pode dizer-se que é uma verdadeira metrópole, pretendendo com isso defender-se que possui uma série de características — um número muito grande de habitantes, uma vasta extensão territorial, uma elevada capacidade de atração comparativamente com as zonas periféricas — que os exemplos paradigmáticos de metrópole possuem. Este uso da noção de verdade é, porém, marginal, relativamente ao uso — certamente mais central — que dela fazemos quando afirmamos a verdade de uma proposição. Por isso, o conhecimento atribuído por (3) e (4) não está orientado, pelo menos num sentido mais incisivo, para a verdade.

Se Russell tem razão, quando um sujeito S tem conhecimento de um objeto O neste sentido não orientado para a verdade — quando S conhece por contacto O —, S estabelece uma relação peculiar com O, a relação de *acquaintance* (uma possível tradução deste termo é «contacto direto»). Escreve Russell:

> Digo que tenho *acquaintance* com um objeto quando tenho uma relação cognitiva direta com esse objeto, isto é, quando estou diretamente consciente do próprio objeto. Quando falo de uma relação cognitiva, não me refiro ao tipo de relação que constitui o juízo, mas ao tipo que constitui uma apresentação (Russell, 1910, p. 108).

A relação que Russell tem em mente possui duas características distintivas. Em primeiro lugar, se o sujeito S estabelece com o objeto O a relação indicada, S não aplica a O nenhum conceito C; por outras palavras, não julga, explícita ou implicitamente, que O é C. Nisto a relação de *acquaintance* diferencia-se de outras relações cognitivas, como, por exemplo, reconhecer determinada coisa como outra coisa diferente. Não podemos reconhecer uma coisa — um objeto no nosso campo visual — como outra coisa qualquer, por exemplo, como um tanque militar, se não tivéssemos o conceito de tanque militar e não o aplicássemos àquele determinado objeto do nosso campo visual.

Em segundo lugar, tal relação é uma relação real; por outras palavras, S não pode estar na relação de *acquaintance* com um objeto O se tal objeto não existir. Nisto a relação de *acquaintance* é diferente da relação de imaginar ou alucinar, que são relações que podem ser estabelecidas com coisas que não existem.

Para Russell, só podemos conhecer por contacto certas categorias de objetos e não outras. Os objetos físicos, por exemplo, não são o tipo de coisa de que possamos estar imediatamente conscientes. Portanto, tais objetos só podem ser conhecidos por descrição, e não por contacto. Podemos perceber isto melhor, segundo Russell, se fizermos uma pequena experiência mental. Quando estamos perante um objeto físico, por exemplo, uma mesa, devemos questionar-nos se poderemos estar exatamente no mesmo estado sem que perante nós haja uma mesa. Intuitivamente, a resposta é afirmativa. Podemos, por exemplo, ser vítimas de uma alucinação para nós indistinguível da perceção real de uma mesa. Se isto é verdadeiro, a relação que estabelecemos com a mesa não pode ser a relação de *acquaintance*, uma vez que, como vimos, essa relação é real, isto é, só podemos estabelecê-la com coisas que existem. Se aceitamos a conclusão deste argumento, (4) não descreve um caso genuíno de conhecimento por contacto, porque uma cidade é um conjunto de objetos físicos, e os objetos físicos não são o tipo de objetos em relação aos quais possamos ter uma relação de *acquaintance*.

Na verdade, o argumento de Russell para defender que os objetos físicos não são o tipo de coisas com que podemos estabelecer a relação de *acquaintance* não é irresistível. O argumento pressupõe que um sujeito que tenha à sua frente uma mesa poderá ficar no mesmo estado se não tiver à sua frente nenhuma mesa. Este pressuposto, porém, é discutível. Pode defender-se, por exemplo, que o sujeito perante a mesa e o sujeito submetido à ilusão de ver uma mesa estão no mesmo estado apenas de um ponto de vista interno, subjetivo, mas que o seu estado objetivo é bem diferente, precisamente porque o primeiro está na relação de *acquaintance* com a mesa, enquanto o segundo, faltando a mesa, não está.

Do ponto de vista interpretativo, há poucas dúvidas sobre o facto de Russell, contrapondo o conhecimento por contacto ao conhecimento proposicional, pretender fazer a distinção entre dois tipos de conhecimento. A citação mencionada do livro *Problemas de Filosofia* parece desencorajar leituras alternativas, pois Russell defende explicitamente que o conhecimento por contacto não é conhecimento de verdade, e isso parece equivaler a dizer que tal conhecimento não é conhecimento de proposições. Todavia, de um ponto de vista teórico, esta interpretação é sobremaneira problemática. Lida deste modo, indubitavelmente, a conceção de Russell serve muito bem para esclarecer certos usos do verbo «saber» que não são diretamente reconduzíveis a atribuições de conhecimento proposicional. Por exemplo, há um uso do verbo «saber» mediante o qual faz sentido dizer que só quem viu alguma coisa azul ou quem provou melancia azeda sabe o que é a cor azul ou sabe que sabor tem a melancia azeda. Ver alguma coisa azul e provar melancia azeda são modos de estabelecer uma relação de *acquaintance* com a cor azul ou com o sabor da melancia azeda. E, através desta relação, um sujeito aprende, a propósito do azul e do sabor da melancia azeda, conteúdos que não são suscetíveis de serem aprendidos e comunicados de forma proposicional. Contudo, quem propõe uma leitura deste género fica exposto a uma objeção que pode ser proposta nos termos de um dilema.

Quando Russell distingue entre conhecimento por contacto de um objeto e conhecimento proposicional a propósito desse mesmo objeto, afirmando que o primeiro não é proposicional, parece estender ao conhecimento por contacto — que nesta interpretação é o conhecimento que temos do objeto em virtude da relação de *acquaintance* — as características típicas da própria relação de *acquaintance*. O que levanta a questão que está na base do dilema. A questão é a seguinte: dizer de S que tem conhecimento por contacto de um objeto O é equivalente a dizer que S está na relação de *acquaintance* com O? Respondendo afirmativamente, parece arbitrário qualificar o conhecimento por contacto como uma forma de conhecimento diferente do conhecimento proposicional. Pareceria, neste caso, mais razoável reservar o título de conhecimento unicamente para o conhecimento proposicional e falar de *acquaintance* como uma relação cognitiva peculiar com um objeto, mediante a qual é possível adquirir conhecimento proposicional em torno desse objeto. Se, por outro lado, se responde negativamente à questão, é preciso explicar que outra condição, para além da condição de estar na relação de *acquaintance* com um objeto O, deve ser satisfeita para que se possa dizer que um sujeito, desse modo, adquire conhecimento por contacto de tal objeto. Não é totalmente claro — e Russell, nisso, não parece ser útil — que outra condição pode garantir a passagem de uma coisa para outra. Não se pode dizer, por exemplo, que o sujeito tem, também, de aprender e julgar uma ou outra proposição a respeito do objeto, porque o conhecimento por contacto, tal como a relação de *acquaintance*, não é proposicional.

Em parte consciente desta dificuldade, a maioria dos filósofos contemporâneos considera que Russell cometeu um erro ao distinguir entre conhecimento por contacto e conhecimento proposicional, reputando-os como tipos diferentes de conhecimento. Ou seja, segundo a maior parte dos epistemólogos, Russell confundiu a relação de *acquaintance*, que efetivamente ocorre entre um sujeito S e um objeto O quando S é consciente de modo direto e não conceptual de O, com o tipo de conhecimento que S pode adquirir em virtude da sua *acquaintance* com O, que é conhecimento de uma ou outra proposição a propósito de O (cf. a propósito Hasan, 2014). Deste modo, perfila-se uma imediata via de saída do dilema exposto há pouco. Se o conhecimento por contacto é conhecimento de uma proposição sobre um objeto O, a passagem da relação de *acquaintance* com O para a aquisição de conhecimento por contacto sobre O consiste na formação de uma crença ou de um juízo sobre O. Richard Fumerton (1995), por exemplo, defende que, quando atribuímos a um sujeito S um conhecimento por *acquaintance* de O, não estamos a atribuir a S um conhecimento de tipo diferente, distinto do conhecimento de uma qualquer proposição sobre O, mas estamos a atribuir a S um conhecimento de uma proposição sobre O, implicando que tal conhecimento foi adquirido num modo especifico, quer dizer, estabelecendo uma relação de *acquaintance* com O.

Em geral, os epistemólogos tendem a distinguir dois modos de S adquirir conhecimento proposicional. O primeiro modo é mediante uma inferência. Suponhamos, para ilustrar a ideia, que um sujeito S passeia pelas ruas de uma aldeia medieval. S sabe que as casas da aldeia são sobretudo de xisto. Se S também sabe que o xisto é uma pedra, S está na posição de inferir que as casas da aldeia são feitas de pedra, dada a premissa de que são feitas de xisto. Neste caso, S adquire o conhecimento de uma proposição — a proposição de que as casas são feitas de pedra — em virtude do seu conhecimento de outra proposição — a proposição de que as casas são feitas xisto — e em virtude do seu conhecimento da relação inferencial entre uma proposição e outra. Muitos epistemólogos (mas não todos) defendem que S pode adquirir conhecimento mesmo sem inferir uma proposição a partir de outra. Esta sugestão é habitualmente motivada pelo argumento do regresso. Segundo este argumento, se alguma crença não for justificada de outra maneira senão por uma inferência, ficamos envolvidos num regresso ao infinito. Porque todo o conhecimento do qual resultam novos conhecimentos requer, previamente, outro conhecimento a partir do qual é inferido, e assim sucessivamente até ao infinito. Se assim fosse, deveríamos concluir que nenhuma das nossas crenças é conhecimento, pois não podemos ter um número infinito de conhecimentos. Um modo de bloquear o regresso e dar substância à sugestão de que há crenças justificadas não inferencialmente consiste em invocar a relação de *acquaintance*. Isto é, consiste em dizer que podemos adquirir conhecimento de certas proposições simplesmente estabelecendo uma relação de *acquaintance* com as coisas que as tornam verdadeiras. Voltando ao exemplo da aldeia medieval, os epistemólogos que consideram possível adquirir conhecimento não inferencial poderiam dizer que S é capaz de adquirir conhecimento proposicional a respeito da aldeia medieval entrando em contacto cognitivo direto com as suas casas simplesmente observando-as. Nesse caso, o «por» que encontramos na expressão «conhecimento por *acquaintance*» deve ser interpretado em referência à modalidade com que o conhecimento pode, em certos casos, ser adquirido, e não tanto ao facto de identificar uma tipologia de conhecimento, distinta, dada a diferente natureza do seu objeto, do conhecimento de uma proposição.

1.3. Conhecimento prático ou conhecimento como

Considerem, agora, as seguintes atribuições de conhecimento:

(5) A Mafalda sabe fazer um bacalhau à Brás delicioso.

(6) O Arturo sabe andar de bicicleta.

Em (5) e (6), o verbo «saber» é seguido de um segundo verbo no infinitivo. Isso parece indicar que o conhecimento atribuído é relativo a como se faz para executar a ação designada por tal verbo. Segundo uma influente interpretação, que remonta a Gilbert Ryle (2007), este tipo de conhecimento, dado o seu peculiar objeto, deve ser distinto do conhecimento proposicional (e do conhecimento direto). A posição defendida por Ryle é chamada anti-intelectualismo e é definida por duas componentes. A primeira, de caráter negativo, diz:

ANT1 Saber fazer X não consiste em ter conhecimento de uma proposição.

Mais adiante ocupar-nos-emos da segunda componente do anti-intelectualismo, mas por agora concentremo-nos na primeira. ANT1 é definida por negação relativamente à tese intelectualista, defendida na literatura, em anos mais recentes, por Stanley e Williamson (2001). Segundo os intelectualistas, numa primeira abordagem:

INT Saber como fazer X consiste em conhecer (pelo menos) uma proposição P_X que diz o que fazer para realizar X.

O argumento a favor de ANT1, defendido por Ryle, é que INT — que implica identificar o conhecimento atribuído à Mafalda e ao Arturo em (5) e (6) com o conhecimento de proposições que descrevem o modo como se cozinha bacalhau à Brás ou as ações que devem ser executadas para andar de bicicleta — conduz a um regresso ao infinito. Vejamos como, utilizando a reconstrução de Stanley e Williamson (*Ibidem*, pp. 413–414). A primeira premissa do argumento afirma que:

(a) Quando se executa a ação X, põe-se em prática o conhecimento sobre como fazer X.

A segunda premissa, afirma que:

(b) Quando se põe em prática o conhecimento de uma proposição P, tem-se em consideração P.

Estas duas premissas são suficientes para gerar um regresso ao infinito se, com o intelectualista, se assumir que:

(INT) Saber como fazer X consiste em conhecer (pelo menos) uma proposição P_X que diz como executar X.

Retomemos o exemplo do Arturo. Imaginemos que o rapaz está a andar de bicicleta. De (a) resulta que o Arturo executa, põe em prática o seu conhecimento sobre como andar de bicicleta. Mas de (INT) resulta que o conhecimento posto em prática pelo Arturo é conhecimento de (pelo menos) uma proposição (P_{BIC}) que diz o que fazer para andar de bicicleta. Segue de (b) que o Arturo, na medida em que põe em prática o seu conhecimento de P_{BIC}, está a ter em consideração tal proposição. Mas ter em consideração P_{BIC} não é mais que outra ação executada pelo Arturo. Resulta, portanto, de (a) que o Arturo está a pôr em prática o seu conhecimento sobre como ter em consideração P_{BIC}. Mas de (INT) resulta que o conhecimento posto em prática pelo Arturo é conhecimento da proposição (C-P_{BIC}), que diz o que fazer para ter em consideração P_{BIC}. Resulta, então, de (b) que o Arturo, na medida em que põe em prática o seu conhecimento de C- P_{BIC}, está a ter em consideração tal proposição. Como é evidente, também ter em consideração C- P_{BIC} é uma ação a que podem ser aplicadas as duas premissas e (INT), gerando, assim, um regresso ao infinito.

Segundo Ryle, para salvaguardar a possibilidade do conhecimento, deve refutar-se (INT) e aceitar-se uma perspetiva anti-intelectualista. Segundo esta perspetiva:

(ANT2) Saber como fazer X consiste em possuir a capacidade de fazer X.

Segundo (ANT2), que é a segunda componente do anti-intelectualismo, saber como fazer alguma coisa não significa saber que para fazer tal coisa é preciso executar uma série de ações, mas possuir a capacidade de fazer essa coisa; e pôr em prática esse conhecimento não significa agir tendo em consideração as proposições relevantes, mas exercitar a capacidade para fazer essa coisa.

Stanley e Williamson afirmaram que para bloquear o regresso ao infinito não é necessário negar (INT). Os dois filósofos observam que a premissa (a) é falsa se for aplicada a ações automáticas ou fortuitas. Para o demonstrar observam que do facto de uma pessoa executar determinadas ações, como digerir o jantar ou ganhar a lotaria, não resulta que esta pessoa saiba como digerir o jantar ou como ganhar a lotaria. Digerir o jantar ou ganhar a lotaria não são o tipo de coisas que as pessoas sabem fazer. São coisas que as pessoas fazem ou não fazem. Para ter alguma possibilidade de ser verdadeira, a premissa (a) deve, portanto, ser interpretada como limitada a um certo tipo de ações, as ações intencionais. Quanto à premissa (b), Stanley e Williamson consideram que quem defende o argumento fica perante um dilema. Para o ilustrar, os autores recuperam um exemplo de Carl Ginet (1975). Quando saímos de um quarto e rodamos o puxador — observa Ginet —, pomos em prática o conhecimento relativo à existência da porta e à necessidade, para a abrir, de rodar o puxador. Mas normalmente não consideramos, conscientemente, essa proposição. Esta moral falsifica diretamente (b) e, portanto, permite bloquear o regresso ao infinito descrito por Ryle sem negar (INT). Para Stanley e Williamson a única possibilidade de salvaguardar (b) consiste em afirmar que — dando um sentido minimal ao conceito de «consideração» — também o sujeito que sai do quarto rodando o puxador considera a proposição de que existe uma porta no quarto. Considerar uma proposição neste sentido minimal é, porém, segundo os autores, uma ação automática análoga à de digerir. Neste caso, porém, é falsificada a instância de (a), que afirma que, quando se executa a ação de considerar uma proposição, se põe em prática o próprio conhecimento sobre como considerar uma preposição. Como já vimos, (a) só é plausível quando aplicado às ações intencionais, mas ter em consideração uma proposição, na interpretação minimal que estamos a analisar, não é uma ação intencional. Também neste segundo caso, portanto, o regresso é bloqueado sem negar (INT). O exemplo de Ginet, vale a pena sublinhá-lo, presta-se, de todas as formas, a leituras mais amigáveis do argumento de Ryle. Alva Nöe (2005), por exemplo, afirmou que a observação de Ginet descreve uma moral diferente: ou seja, que a ação de contemplar uma proposição possa ser uma ação intencional executada inconscientemente.

Para além do argumento do regresso, o debate contemporâneo sobre o anti-intelectualismo concentrou-se em torno da discussão de algumas experiências mentais, as quais, segundo os seus criadores, motivam o abandono de ANT2, ou seja, da tese segundo a qual saber como fazer determinadas coisas significa possuir a capacidade de fazer tais coisas. Um caso discutido, por exemplo, é o de um pianista competente a quem, na sequência de um trágico acidente de automóvel, foram amputados ambos os braços. Na opinião de muitos, este facto priva o pianista da capacidade de tocar piano, mas não do conhecimento de como tocar piano. Se o conhecimento sobrevive e a capacidade desaparece, as duas coisas não podem ser identificadas. Mas, se não podem ser identificadas, ANT2 é falsificada. Noë respondeu a esta objeção afirmando que é preciso fazer a distinção entre a capacidade (*ability*) de tocar piano e ser capaz de executar essa capacidade (*being able to exercise*). Na sua maneira de ver, a identificação entre o saber fazer uma certa coisa e ter a capacidade de fazer essa coisa pode ser preservada também à luz de exemplos como o do pianista, afirmando que as circunstâncias que parecem privá-lo da capacidade, na realidade, mais não fazem que roubar-lhe a oportunidade de exercitar uma capacidade que continua a possuir. A amputação dos braços, para quem aceita esta resposta, compromete tão pouco a posse da capacidade de tocar piano como o faria atar as mãos do pianista ou colar as teclas do piano.

Ocupámo-nos, até agora, das razões a favor ou contra ANT1 e ANT2. No resto desta secção vamos ocupar-nos de INT e do modo como tal tese foi defendida por Stanely e Williamson (2001). A principal motivação da proposta dos dois autores é que o uso que fazemos do verbo «saber», quando dizemos que alguém sabe como fazer qualquer coisa, é assimilável, no plano gramatical, ao uso que dele fazemos quando dizemos que alguém sabe *quem* fez determinada coisa, *onde* determinada coisa foi escondida, *porque* certa coisa aconteceu e por aí adiante. Estas atribuições de conhecimento, no plano sintático, assemelham-se todas pelo facto de conterem perguntas indiretas como subordinadas. Este dado, para Stanley e Williamson, sugere que a análise semântica de tais atribuições pode ser estendida às atribuições de conhecimento sobre como fazer certa coisa. Segundo esta análise (Karttunen, 1977), em particular, uma construção como

(7) A Laura sabe quem lhe roubou a bicicleta.

é verdadeira se, e somente se, por cada proposição P pertencente ao conjunto das respostas verdadeiras à questão indireta contida em (7), a Laura souber que P. Se, por exemplo, o Marco roubou a bicicleta à Laura, (7) é verdade se, e somente se, a Laura souber que o Marco lhe roubou a bicicleta. Se o Vincenzo participou no roubo, (7) é verdade se, e somente se, por acrescento, a Laura também souber que o Vincenzo participou no roubo e por aí adiante.

Há casos em que as respostas verdadeiras a uma pergunta indireta são mais do que uma, mas não é necessário conhecê-las a todas para que a correspondente atribuição de conhecimento seja verdadeira. Consideremos o seguinte exemplo:

(8) A Ilaria sabe onde se come um ótimo *ramen*.

(8) é verdadeira, embora a Ilaria ignore muitas respostas verdadeiras à questão sobre onde se pode comer um ótimo *ramen*. Para que (8) diga algo verdadeiro, é suficiente que a Ilaria conheça algum bom restaurante japonês, ou seja, alguma reposta correta à pergunta sobre onde comer um ótimo *ramen*. As atribuições de conhecimento sobre como fazer alguma coisa, segundo Stanley e Williamson, prestam-se naturalmente a interpretação análoga. Considere-se, novamente, um dos exemplos por onde começámos.

(9) O Arturo sabe andar de bicicleta.

Segundo Stanley e Williamson, este enunciado contém a pergunta indireta sobre como andar de bicicleta. Se o lermos do modo que é natural ler um enunciado como (8), para ele ser verdadeiro é necessário que, por algum modo M, o Arturo saiba que M é um modo de andar de bicicleta. Ao contrário de casos como (7) e (8), todavia, para que (9) diga algo de verdadeiro não é suficiente, para os autores, que o Arturo tenha conhecimento da proposição que M é um modo de andar de bicicleta. Deve ter conhecimento desta proposição numa modalidade específica de apresentação, que os dois autores chamam *prática*.

Para esclarecer o que significa conhecer uma proposição numa específica modalidade de apresentação é oportuno abrir um pequeno parênteses. Suponhamos que o professor X acabou de ser eleito reitor da universidade Y e que o novo reitor da universidade Y tem a tarefa de sanar as contas da universidade. Esta proposição, para Stanley e Williamson, pode ser acreditada (ou conhecida) em diferentes modalidades de apresentação do objeto sobre o qual incide. Um modo é crer (ou saber) que o novo reitor tem a tarefa de sanar as contas da universidade; outro modo é crer (ou saber) que o professor X tem a tarefa de sanar as contas da universidade; outro modo ainda, apenas disponível para o professor X, é crer (ou saber) que tem, ele próprio, a tarefa de sanar as contas da universidade. A mesma proposição pode ser acreditada num modo e não noutro. Podemos imaginar, por exemplo, que, antes de saber que tinha sido eleito reitor, o professor X acredite ou conheça aquela proposição na primeira modalidade de apresentação, mas não na segunda nem na terceira.

A mesma distinção pode ser introduzida relativamente à proposição de que M é um modo de andar de bicicleta. Observando um ciclista profissional a competir no Tour de France, o Arturo pode referir-se demonstrativamente ao modo como ele pedala e pensar que *aquele* é um modo de andar de bicicleta. Mas, para Stanley e Williamson, não é esta a modalidade com que se deve saber que M é um modo de andar de bicicleta para saber como andar de bicicleta. Segundo os autores, o Arturo deve poder referir-se a um modo M de andar de bicicleta na modalidade prática, para que o seu conhecimento do facto de M ser um modo de andar de bicicleta seja conhecimento sobre como andar de bicicleta.

Infelizmente, Stanley e Williamson admitem não serem capazes de explicar de maneira suficientemente informativa o que significa captar a proposição de que M é um modo de fazer X na modalidade prática de apresentação. Uma caracterização parcial pode ser dada por via negativa, descrevendo modos de captar a proposição de que M é um modo de fazer X que não são práticos. Como vimos, os dois autores observam que um modo que não é prático é o modo demonstrativo com que o Arturo pode referir-se à maneira de pedalar do ciclista no Tour de France. Noutro lado apresentam outro exemplo, sugerindo que quem tiver à sua disposição uma descrição fisiológica de um modo M de fazer X sabe que M é um modo de fazer X, mas não acreditaria esta proposição no modo requerido para saber como fazer X.

Neste livro não é possível aprofundar ulteriormente a questão relativa à existência e às características próprias da modalidade prática de apresentação com que se pode acreditar na proposição de que M é um modo para fazer X. De todas as formas, vale a pena observar que, se estivesse disponível uma explicação satisfatória do que quer dizer referir-se na modalidade prática a um modo M de fazer algo, o intelectualista teria à sua disposição uma elegante via de saída relativamente às objeções que são tradicionalmente dirigidas à sua posição. (INT), é útil recordá-lo, identifica o saber fazer determinada coisa com o conhecimento de proposições que dizem como fazer essa coisa. Esta identificação motiva a expectativa de que quem sabe como fazer uma certa coisa é também capaz de referir as proposições relevantes, e a expectativa de que quem é capaz de referir as proposições relevantes também sabe fazer tal coisa. As coisas, porém, não parecem ser bem assim. Frequentemente, quem sabe uma certa coisa não é capaz também de descrever como fazê-la, assim como pode acontecer que quem é especialmente competente em explicar como fazer certa coisa pode não ser capaz de a fazer. Estes dados parecem refutar INT, mas a distinção entre modalidades práticas de apresentação de um modo M de fazer X e modalidades não práticas de apresentação de M revela-se preciosa. Invocando esta distinção, com efeito, o intelectualista pode responder à primeira objeção observando que a sua teoria o obriga exclusivamente a afirmar, por algum modo M de andar de bicicleta, que quem sabe andar de bicicleta sabe, no modo prático de apresentação, que M é um modo de andar de bicicleta. O facto de quem sabe andar de bicicleta não ser capaz de referir corretamente que M é um modo de andar de bicicleta não é, portanto, capaz de refutar INT. O facto de um sujeito S não ser capaz de referir corretamente que M é um modo de andar de bicicleta revela, com efeito, exclusivamente que S não sabe que M é um modo de andar de bicicleta numa modalidade de apresentação — chamemo-la descritiva — diferente da modalidade prática de apresentação de M. Analogamente, saber referir corretamente que M é um modo de andar de bicicleta revela exclusivamente que S sabe que M é um modo de andar de bicicleta na modalidade de apresentação descritiva, que é diferente da modalidade prática de apresentação de M, e portanto não implica que S tenha o tipo de conhecimento proposicional com que o intelectualista quer identificar o saber andar de bicicleta.

2. A definição tripartida do conhecimento proposicional: verdade e justificação

Neste capítulo vamos dedicar-nos ao primeiro tipo de conhecimento introduzido no primeiro capítulo, o conhecimento proposicional. Começaremos por examinar a chamada análise tradicional do conhecimento, também conhecida como conceção tripartida. Em conformidade com essa análise, que segundo alguns intérpretes remonta a Platão, o conhecimento é crença verdadeira e justificada (ou baseada em boas razões). Na tentativa de compreender esta definição, vamos em particular concentrar-nos, ao longo do capítulo, no que se entende quando se exige que uma crença, para ser conhecimento, seja verdadeira e, sobretudo, o que se entende quando se exige que seja justificada ou baseada em boas razões. As teses e distinções com que nos vamos familiarizar tentando responder a estas questões permitir-nos-ão terminar o capítulo formulando uma versão da conceção tripartida do conhecimento capaz de sobreviver a alguns contraexemplos iniciais.

2.1. A análise tradicional do conhecimento

Quem procura analisar o conhecimento tenta identificar um conjunto de condições necessárias e suficientes para tal noção. Por outras palavras, esforça-se por identificar um princípio da seguinte forma (a letra S significa um qualquer sujeito, a letra P uma qualquer proposição e a letra C um conjunto de condições):

S sabe que P se, e somente se, C.

Comecemos por considerar um princípio claramente desadequado.

C1 S sabe que P se, e somente se, S crê que P.

C1, tal como todos os bicondicionais, é verdadeiro só se os dois condicionais que o constituem forem verdadeiros. Tais condicionais são:

C1.1 Se S sabe que P, então S crê que P.

C1.2 Se S crê que P, então S sabe que P.

C1.1 é, comummente, dada por adquirida. Para ter conhecimento de uma proposição parece necessário, pelo menos, acreditar que aquela proposição é verdadeira (cf. Radford, 1966; Lehrer, 1974, p. 57; Myers-Schutz, Schwitzgebel, 2013 para a discussão de um potencial contraexemplo). Dos dois condicionais que constituem C1, o mais claramente problemático é C1.2, pois afirma que para ter conhecimento de uma proposição é suficiente acreditar nessa proposição. Mas isto é intuitivamente errado: porque pode muito bem crer-se numa proposição falsa, enquanto, ao invés, não se pode conhecer uma proposição falsa. A Daniela pode muito bem pensar, por exemplo, que há leite no frigorífico quando na realidade o frigorífico está vazio. Neste caso, a Daniela acredita saber que há leite no frigorífico, mas, infelizmente para ela, está enganada.

O movimento mais natural, à luz destas considerações, é requerer explicitamente, no lado direito do bicondicional, que a proposição em que S crê seja verdadeira. Deste modo, obtemos o seguinte bicondicional:

C2 S sabe que P se, e somente se, S crê que P e P é verdadeira.

C2 representa um inegável progresso relativamente a C1. Ao contrário de C1, com efeito, não obriga a afirmar que a Daniela saiba que há leite no frigorífico quando o frigorífico está vazio. Todavia, C2 implica que é suficiente, para saber que P, crer que P e que P é verdadeira. Mas, tal como Platão já tinha percebido, o conhecimento não pode ser simplesmente identificado com a opinião verdadeira. Um juiz, por exemplo, pode ser induzido a crer em algo verdadeiro através do uso hábil da retórica. Neste caso, para Platão (1992), o juiz tem uma crença verdadeira, mas não tem conhecimento. Considere-se o exemplo seguinte para ilustrar ulteriormente a ideia. Um homem está de automóvel numa fila pronto para embarcar num *ferryboat*. Para matar o tempo, folheia uma revista. De repente, diz aos seus familiares que mudou de ideias e que quer desistir da viagem. Explica aos familiares, desconcertados, que acaba de ler que o seu horóscopo prevê desgraças para quem faz viagens longas e que, portanto, está convencido de que o *ferryboat* se vai afundar durante a travessia. É evidente que consultar o horóscopo para determinar se um *ferryboat* se vai afundar é um método totalmente desadequado. Mas suponhamos que o *ferryboat*, de facto, afunda e que, portanto, a crença do homem se revela correta. Se aceitarmos C2, estávamos comprometidos a dizer que o homem sabia que o *ferryboat* se ia afundar, porque o homem tinha a crença de que o barco se iria afundar e era verdade que o barco se iria afundar. Mas isto é contraintuitivo. Não havendo qualquer ligação entre as vagas previsões de um horóscopo e a capacidade de um *ferryboat* se manter à tona, o homem formou uma crença verdadeira de modo totalmente acidental, de modo demasiado fortuito para que lhe possa ser atribuída conhecimento. A razão é que, quando dizemos que certo sujeito S sabe que P, não tencionamos simplesmente relatar o facto de que S conseguiu o feito cognitivo de ter formado uma crença verdadeira. Se refletimos sobre o uso que fazemos todos os dias da noção de conhecimento, damo-nos conta do facto de que, quando dizemos de um sujeito S que *sabe* que as coisas são de uma determinada maneira, estamos também, de algum modo, a avaliar o seu sucesso cognitivo. Estamos a dizer que crer veridicamente que as coisas são daquela maneira é um sucesso cognitivo cujo mérito pode ser plenamente atribuído a S. Para ilustrar a ideia, é habitual recorrer a metáforas desportivas. Ernest Sosa (2015, p. 59), por exemplo, propôs a famosa comparação com o tiro com arco. No tiro com arco tem-se sucesso quando se consegue acertar no centro do alvo. Mas, para se ter uma prestação excelente, é preciso fazer mais. Um arqueiro pode sempre acertar no centro do alvo por acaso ou graças à sorte, como quando erra completamente o tiro mas a seta é desviada por um inesperado golpe de vento. Um tiro só é verdadeiramente excelente se o seu sucesso puder ser plenamente atribuído à habilidade do arqueiro. De maneira análoga, a prestação cognitiva de um sujeito só é verdadeiramente excelente — é conhecimento — se alcançar o seu objetivo — se é verdadeira — graças às capacidades do sujeito. Estas considerações explicam porque achamos tão contraintuitivo atribuir conhecimento ao homem do exemplo do *ferryboat*. Àquele homem não pode ser atribuído o mérito do seu sucesso epistémico, pois alcançou-o de modo totalmente acidental.

Para perceber como emendar C2 de maneira a garantir que S não alcance o seu sucesso cognitivo de modo demasiado acidental, é útil analisar uma variante do exemplo. Tal como no primeiro caso, o homem convence-se de que o *ferryboat* se vai afundar e desiste da viagem. E agora também não se engana. Só que, desta vez, não se baseia naquilo que leu no seu horóscopo, mas no testemunho do capitão do *ferryboat*, que lhe revelou, confidencialmente, que queria afundar a embarcação para burlar a companhia seguradora. Neste segundo cenário, não é por acaso que o homem não se engana em crer que o *ferryboat* se vai afundar, e isto parece dizer que o homem não só acredita veridicamente, mas sabe que o *ferryboat* se vai afundar. A diferença entre os dois cenários é que, embora tendo uma crença verdadeira em ambos os casos, só no segundo esta crença é formada com base numa boa razão. Isto sugere a seguinte definição:

C_3 S sabe que P se, e somente se, S crê que P, P é verdadeira e a crença de S que P é justificada ou se baseia em boas razões.

C_3 exprime a chamada conceção tripartida do conhecimento (tripartida porque o lado direito do bicondicional requer a satisfação de três condições). Como veremos no terceiro capítulo, esta conceção não está isenta de problemas, muito graves. Em particular, porque parece haver casos em que um sujeito crê veridicamente que P baseado em boas razões, mas em que é intuitivo que creia o verdadeiro num modo demasiado acidental para que lhe possa ser atribuído conhecimento. Antes de analisarmos tais situações, e os problemas que comportam para a conceção tripartida, é, de todas as formas, oportuno debruçarmo-nos mais um pouco sobre C_3. A formulação referida é, com efeito, sob alguns aspetos, ainda incompleta e insatisfatória, independentemente dos problemas de que nos ocuparemos de seguida. Para apreciarmos a natureza destes problemas preliminares, e para chegarmos a uma formulação mais completa da conceção tripartida, é necessário aprofundar o que quer dizer que a crença de um sujeito é verdadeira e o que quer dizer que é justificada ou se baseia em boas razões.

2.2. Verdade e realismo

A maior parte dos epistemólogos contemporâneos considera que quando C_3 requer que uma crença, para ser conhecimento, seja verdadeira está a requerer a satisfação de um requisito substancial, que consiste em corresponder à realidade. O que isto significa, em particular, é matéria de ampla discussão. Para os nossos atuais interesses, podemos, de todas as formas, limitar-nos a notar que os correspondentistas concordam em atribuir à propriedade de ser verdadeiro algumas características fundamentais.

A primeira característica é que se uma crença possui ou não tal propriedade depende de como estão as coisas às quais ela diz respeito. Esta tese é geralmente atribuída a Aristóteles, o qual, na *Metafísica*, afirma que «tu és branco não porque nós, em conformidade com o verdadeiro, cremos que tu és branco, mas, ao invés, precisamente pelo facto de seres branco, nós estamos no verdadeiro, quando o confirmamos». A crença de que os pinguins não voam, por exemplo, se é verdadeira, é verdadeira em virtude de os pinguins não voarem; ou seja, numa formulação que prescinde de mencionar entidades como os factos, é verdadeira porque os pinguins não voam.

A segunda característica da propriedade em questão é que tal propriedade é não epistémica. Com isto entende-se dizer que uma crença, se verdadeira (falsa), é verdadeira (falsa) independentemente do facto de alguém saber ou poder saber que é verdadeira (falsa) ou então ter ou poder ter razões para pensar que é verdadeira (falsa). Por exemplo, se é verdade que existe vida noutros planetas, isto é verdadeiro independentemente do facto de alguém alguma vez conseguir estabelecer que assim é; e, se é verdade que cada número par é a soma de dois números primeiros, tal é verdadeiro independentemente do facto de alguém conseguir provar que assim é.

Quem afirma que a verdade é uma propriedade não epistémica, por outras palavras, defende a possível existência de verdades que transcendem a nossa capacidade de confirmação.

A terceira característica habitualmente atribuída à verdade é codificada pelo chamado princípio de bivalência. Este princípio é, de um modo geral, enunciado em relação às proposições e diz que por cada proposição P deve valer um dos dois seguintes casos: ou P é verdadeira ou P é falsa. Isto é, não há casos, se a verdade for bivalente, em que P não é verdadeira nem falsa. Considere-se, por exemplo, a proposição segundo a qual o número de cabelos na minha cabeça, no momento em que escrevo esta frase, é par. Aceitar o princípio da bivalência significa considerar que, embora seja impossível estabelecê-lo, tal proposição é verdadeira (no caso em que o número de cabelos na minha cabeça é par) ou é verdadeira a sua negação (no caso em que o número de cabelos na minha cabeça é ímpar).

Quem, como a maior parte dos epistemólogos contemporâneos, considera que a verdade possui as três características acabadas de descrever, aceita, habitualmente, uma específica conceção metafísica da natureza da realidade, e do nosso posicionamento nela, de que aquela conceção da verdade é um ingrediente essencial. Segundo esta conceção, que na linha de Crispin Wright (1987) podemos simplesmente denominar «realismo», a realidade é independente da mente — ou seja, é aquilo que é independentemente daquilo que cremos ou percecionamos — e a nossa tentativa de conhecer a realidade é a tentativa, arriscada e falível, de refletir ou de adequar com o nosso pensamento o modo como as coisas estão. Como oportunamente sublinhou Wright (*ibidem*), esta conceção exprime uma dupla atitude intelectual. É expressão de modéstia intelectual, na medida em que concebe a atividade cognoscitiva como tentativa de adequar com o pensamento uma realidade objetiva que, sendo em larga parte não de nossa criação, está potencialmente exposta ao risco de fugir dos nossos esforços em determinar e compreender a sua natureza. Mas é, ao mesmo tempo, expressão de presunção intelectual, na medida em que descreve o nosso posicionamento em relação à realidade como suficientemente favorável, pelo menos em grande parte, para adquirir conhecimentos genuínos ou opiniões justificadas sobre como estão as coisas em nosso redor. Os epistemólogos que se ocupam do conhecimento tendem a partilhar desta dupla postura: por um lado, consideram que o conhecimento implica adequação entre a mente e o mundo; por outro, têm a convicção anticética de que, pelo menos em certos casos, este é um objetivo ao nosso alcance.

2.3. Justificação

Segundo C_3, uma crença deve ser justificada ou apoiada por boas razões. Mas o que se entende exatamente quando se exige que uma crença, para ser conhecimento, possua estas propriedades? Este ponto pretende responder à questão. Em particular em 2.3.1, será introduzida a distinção entre justificação epistémica e justificação não epistémica. Os pontos seguintes serão dedicados à exposição de mais quatro distinções: a distinção entre internalismo e externalismo sobre a justificação epistémica (2.3.2), a distinção entre justificação proposicional e justificação doxástica (2.3.3), a distinção entre justificação epistémica e verdade (2.3.4) e a distinção entre justificação *prima facie* e justificação *ultima facie* (2.3.5). Em 2.4 serão utilizados os resultados dos subpontos anteriores para formular uma versão mais prometedora de C_3. O ponto 2.5 introduz dois princípios relativos à justificação, o princípio do fechamento e o princípio da transmissão. Tais princípios serão úteis numa fase posterior deste livro e, independentemente disso, completarão a parte dedicada à noção de justificação epistémica.

2.3.1. Razões e justificações epistémicas *versus* Razões e justificação não epistémicas

A linguagem da justificação e das razões não se limita ao âmbito da epistemologia. Na vida de todos os dias, exprimimo-nos permanentemente recorrendo à noção de justificação (ou a noções semelhantes, tal como, precisamente, a noção de razão, de racionalidade, de razoabilidade) para avaliar não apenas as crenças, mas também as ações dos nossos semelhantes, as suas escolhas, as intenções que os motivam e por aí adiante. Em geral, quando dizemos de alguma coisa — por exemplo, de uma ação — que é justificada, queremos dizer que tal ação é apoiada por razões adequadas. Existem claramente razões de natureza variada, e, portanto, há muitos sentidos em que uma coisa pode ser justificada. A escolha de um determinado curso de ação, por exemplo, pode ser justificada no plano da prudência, mas não no da moral. Tal acontece quando uma pessoa tem um fim prático — por exemplo, sobreviver ou não morrer de fome — e a sua situação é de tal forma que selecionar um curso de ação moralmente ilícito — por exemplo, roubar uma maçã — é o único meio eficaz para atingir esse fim. Em semelhante situação, a facto de lhe permitir sobreviver é uma boa razão que justifica, no plano da prudência, a escolha de roubar a maçã. Mas tal escolha é injustificada no plano da moral porque, ao invés, na situação em causa, a pessoa tem boas razões morais para não roubar a maçã, por exemplo, a consciência de que, roubando a maçã, está a lesar os interesses de outra pessoa.

Como resulta evidente de C_3, os epistemólogos estão predominantemente interessados na justificação de que usufruem as nossas crenças quando são apoiadas por boas razões. Daqui não segue, como por vezes é sugerido, que qualquer razão para formar uma crença é capaz de lhe conferir o tipo de justificação, a justificação epistémica, de que, segundo C_3, necessita para ser conhecimento. Esclareçamos este aspeto com um exemplo.

Suponhamos que o Mário tem uma necessidade urgente de dinheiro. O Lorenzo, que está interessado em fazer uma experiência psicológica, promete ao Mário uma recompensa de 10 mil euros se ele conseguir convencer-se de que a Terra é plana. O Lorenzo quer, de facto, perceber se as pessoas, quando são devidamente incentivadas, são capazes de mudar as suas crenças em conformidade. O Mário, segundo muitos epistemólogos, sendo de instrução mediana e sabendo que a Terra é aproximadamente esférica, não seria psicologicamente capaz de abandonar esta crença para formar a crença de que a Terra é plana. Esta crença, de facto, é injustificada no plano epistémico, e contraditada por todas as evidências a que o Mário tem acesso. Tal não impede que a promessa do Lorenzo dê ao Mário uma ótima razão, de natureza prudencial, para crer que a Terra é plana. Isto porque o Mário precisa de dinheiro, e formar a crença de que a Terra é plana é um meio eficaz para obter 10 mil euros. Se o Mário conseguisse formar tal crença, ela seria injustificada no plano epistémico, mas justificada no plano prudencial.

O que caracteriza, portanto, as razões epistémicas, já que nem todas as razões para crer são razões deste tipo? Podemos começar a fazer progressos sublinhando que, no exemplo anterior, as razões que caracterizei como não epistémicas não têm a ver com a verdade nem com a busca da mesma. O Mário não tem razões a favor da verdade da proposição de que a Terra é plana, nem tem razões para pensar que formar a crença nessa proposição é um modo eficaz para perseguir o fim epistémico de crer o verdadeiro. Em geral, isto parece sugerir a seguinte caracterização: R é uma razão epistémica para um sujeito S crer P se, à luz de R, crer P é um meio eficaz para atingir o fim epistémico de crer a verdade sobre P. No exemplo do Mário, este está justificado, no plano epistémico, a crer que a Terra é aproximadamente esférica, porque a evidência a que tem acesso indica que fazê-lo é o modo melhor para alcançar o fim epistémico de crer o verdadeiro sobre a questão relativa à forma da Terra. Por outro lado, R é uma razão prática ou prudencial para S para crer P (ou para fazer qualquer outra ação A), se à luz de R crer P (ou fazer A) for um meio eficaz para alcançar o fim prático ou prudencial de maximizar a sua felicidade ou de minimizar o seu sofrimento.

2.3.2. Internalismo e externalismo sobre a justificação

No ponto 2.3.1, a justificação epistémica foi caracterizada como o tipo de justificação que um sujeito S tem para crer P quando, do seu ponto de vista, crer P é o modo melhor para alcançar o fim epistémico de crer a verdade sobre P. Deste modo, a justificação epistémica para crer P foi distinguida de outros tipos de justificação, por exemplo, da justificação prudencial para crer. Apesar desta diferença, existe, de todas as formas, um aspeto comum a ambas as caracterizações que, neste livro, é importante não descurar. Quando, em cada um dos dois sentidos, dizemos que um sujeito S está justificado a crer ou a afirmar P, estamos a fazer uma avaliação que é declaradamente relativa à perspetiva de S ou ao seu ponto de vista específico. Dizendo que S está epistemicamente justificado a crer P, estamos a dizer, por outras palavras, que é à luz das coisas que crê, à luz das coisas de que fez experiência e à luz dos raciocínios que efetuou que crer P é um meio eficaz para crer o verdadeiro sobre a questão se P. Ou seja, não nos estamos a esforçar por defender a tese, muito mais forte, de que naquelas circunstâncias crer P é de facto um meio eficaz para crer o verdadeiro. Analogamente, quando dizemos que uma ação de S — por exemplo, ter formado determinada crença — está justificada no plano prudencial, estamos a dizer que, à luz das crenças, das experiências e dos desejos de S, formar aquela crença é um meio eficaz para alcançar um fim prático, como, por exemplo, o de maximizar o seu bem-estar.

É importante notar que este modo de caracterizar a justificação (epistémica, prudencial, etc.) implica reconhecer como totalmente irrelevantes, no plano da avaliação (epistémica, prudencial, etc.) das crenças de um sujeito, fatores externos à sua perspetiva. Vejamos o caso da Adele, que, todas as manhãs, entra na cozinha e consulta o relógio de parede para saber que horas são (a versão original deste exemplo encontra-se em Russell, 1948). A Adele recorda-se de ter mudado a pilha do relógio no dia anterior e tem consciência do facto de que o relógio é de uma marca ótima e de que, para além do mais, é relativamente novo. A Adele, portanto, não tem razões para pensar que o relógio deixou de funcionar. Nestas circunstâncias, quando olha e vê que o relógio marca 7h32 min, a Adele está plenamente justificada, no plano epistémico, a crer que são 7h32 min; porque, do seu ponto de vista, olhar para o relógio é um meio eficaz para formar uma crença verdadeira sobre que horas são. A bondade desta avaliação intuitivamente não fica comprometida se descobrirmos que o relógio, de facto, mas sem que a Adele saiba, está avariado. O facto de o relógio estar avariado só se torna relevante para a avaliação do estatuto epistémico da crença de Adele, quando se torna interno à sua perspetiva, isto é, só se a Adele tomar consciência do facto de o relógio estar avariado. Neste caso, mas só neste caso, continuar a crer que são 7h32 min é uma política irrazoável no plano epistémico. O mesmo se diga a respeito da justificação prudencial. Uma pessoa cheia de sede está justificada a beber um copo se, por aquilo que tem razão de crer, aquele copo contiver um líquido que lhe vai saciar a sede. E isto independentemente do facto de o copo conter verdadeiramente um líquido que sacia a sede e, portanto, do facto de que beber aquele líquido é um meio eficaz para atingir o fim prático de saciar a sede. Com efeito, suponhamos que o líquido no copo não é um líquido que sacia a sede, mas gasolina (este exemplo, inspira-se em Williams, 1987). A ação de beber permanece justificada, no plano prudencial, até ao momento em que o sujeito toma consciência de que o copo contém gasolina. Só nessa altura a ação de beber pode ser caracterizada como irrazoável.

Este modo de caracterizar a justificação — ligando-a estritamente àquilo que é razoável crer do ponto de vista do sujeito — é muito intuitivo e é o modo como, em particular, quem propõe ou discute C_3 tende normalmente a caracterizar a noção de justificação epistémica. Por razões evidentes, esta abordagem à justificação designa-se internalismo, porque, precisamente, considera que os fatores a ter em conta quando avaliamos se um sujeito tem ou não justificação para crer numa determinada proposição são internos à sua perspetiva. Naturalmente, esta designação está destinada a permanecer apenas como uma metáfora, se o internalista não explicar o que quer dizer que uma coisa, no sentido relevante, é interna à perspetiva do sujeito. Neste sentido, existem pelo menos duas respostas possíveis: uma resposta epistémica, segundo a qual X é interna à perspetiva do sujeito S se, e somente se, X for reflexivamente acessível; e a resposta metafísica, segundo a qual X é interna à perspetiva do sujeito se, e somente se, X é um estado mental consciente de S. A forma de internalismo sobre a justificação obtida adotando a primeira resposta é conhecida como «internalismo do acesso» (Chisholm, 1989). A forma de internalismo obtida adotando a segunda resposta é conhecida como «mentalismo» (Conee, Feldman, 2004). Por mais que estas duas formas de internalismo difiram em substância, não é implausível supor que ambas partilhem uma resposta preliminar ao que significa dizer que uma coisa é interna à perspetiva do sujeito. Segundo esta resposta preliminar, X é interno à perspetiva de um sujeito S quando X não exorbita da esfera de consciência de S. Lido à luz desta simples sugestão, o internalismo implica que os fatores a ter em conta quando avaliamos se um sujeito S tem ou não justificação para crer numa determinada proposição P são estados mentais que S tem conscientemente. Fazem parte desta categoria as sensações, as perceções, as recordações, as crenças, etc. O internalismo do acesso e o mentalismo podem ser vistos como casos especiais da tese acabada de descrever. O mentalismo parece pressupor a tese segundo a qual os fatores relevantes são estados mentais conscientes de S e limita-se a sublinhar a natureza metafísica de tais fatores. O internalismo do acesso, por sua vez, pressupõe a tese segundo a qual os fatores relevantes são estados mentais conscientes de S e sublinha a propriedade epistémica de tais fatores, a propriedade segundo a qual S, refletindo, pode sempre tomar consciência da sua existência.

O internalismo foi recentemente criticado por levar a um regresso ao infinito de natureza cética (Bergmann, 2006). Em linha com o que foi dito, Bergmann observa que o internalismo implica defender que, quando o sujeito S tem justificação para crer P, existe uma coisa, X, que justifica P, e que S tem consciência de X. A motivação que justifica a exigência de que S tenha consciência de X é que uma coisa de que S não tem consciência não pode claramente fazer a diferença relativamente àquilo que S pode ou não razoavelmente crer. O facto de o relógio estar avariado — já o vimos — tem exatamente estas características: é relevante para perceber se a Adele está justificada ou não a pensar que são 7h32 min apenas na medida em que a Adele tem consciência de tal facto. No entanto, segundo Bergmann, a exigência de que S tenha consciência de X é ambígua. E, se a desambiguamos, damo-nos conta do facto de que tal exigência é demasiado débil ou é impossível de satisfazer. Numa interpretação fraca, por ter consciência de X, S apenas tem de se dar conta da existência de X. Numa interpretação forte, acrescenta-se que S deve estar justificado a crer que X é relevante para a justificação de P. A interpretação fraca, para Bergmann, é inaceitável à luz das motivações de fundo do internalismo. Porque, se S não faz ideia do facto de X ser relevante para a justificação de P, não se percebe como a consciência pode, por si só, fazer a diferença relativamente à justificação que S tem para crer P. Sobra, então, a interpretação forte. Mas, à luz desta interpretação, segundo Bergmann, o requisito de que S tenha consciência de X é impossível de satisfazer, e, portanto, a imposição de tal requisito implica a consequência cética de que nunca se está justificado a crer algo. Eis como Bergmann motiva a tese do regresso. Para ter consciência de X no sentido forte, S deve ter justificação para crer que X é relevante para a justificação de P. Mas, se S está justificado a crer que <X é relevante para P>, deve existir um X' que é relevante para a justificação que S tem para crer que <X é relevante para P>, e S deve ter consciência de X'. Mas isto, interpretado no sentido forte, implica que S está justificado a crer que <X' é relevante para a proposição que <X é relevante para P>>, etc. Para ter consciência em sentido forte de X, deve, portanto, possuir um número infinito de crenças. Mas isso é psicologicamente impossível. A exigência de que S, para ter justificação para P com base em X, tenha consciência de X em sentido forte leva, portanto, ao ceticismo, porque, para qualquer P e qualquer X, é a exigência de fazer uma coisa que S está psicologicamente impossibilitado de fazer.

A alternativa historicamente mais influente ao internalismo é o chamado externalismo sobre a justificação. Contrariamente aos internalistas, os externalistas não exigem que os fatores relevantes para a justificação das crenças de um sujeito sejam internos à sua perspetiva. Para os externalistas, as crenças de um sujeito, para serem justificadas, têm de possuir propriedades — potencialmente externas à perspetiva do sujeito — que lhes acresçam objetivamente a probabilidade de serem verdadeiras. A versão de maior sucesso do externalismo (Goldman, 1979), por exemplo, afirma que uma crença é justificada epistemicamente se, e somente se, for o *output* de um processo de formação de crenças fiável. Um processo é fiável, no sentido relevante, se, e somente se, a maior parte das crenças que são o *output* de um processo daquele tipo forem verdadeiras. Por exemplo, as crenças percetivas de um sujeito são justificadas porque, quando nos parece ver P e cremos P, normalmente, não nos enganamos. O mesmo se diga a respeito das crenças baseadas na memória: habitualmente, não nos enganamos se nos convencermos de ter feito alguma coisa quando nos recordamos de ter feito essa coisa. É em virtude deste facto que, quando baseamos as nossas crenças sobre a memória, estamos justificados, porque, assim fazendo, muito provavelmente formamos crenças verdadeiras sobre o nosso passado.

O externalismo é motivado pela ideia de que a justificação epistémica exige uma conexão mais estrita com a verdade do que a que é garantida pelo internalismo. Como já vimos, por exemplo, o internalismo implica que o sujeito no exemplo anterior esteja justificado também quando olha para um relógio avariado e, portanto, quando adota um método para determinar as horas que, mesmo sem saber, o expõe a um altíssimo risco de formar uma crença falsa. Todavia, na medida em que tal método não é fiável, as crenças que constituem o seu *output* não estão justificadas segundo o externalista. O externalismo, portanto, tem a vantagem inicial de não permitir uma avaliação positiva do estatuto racional das crenças de um sujeito em situações nas quais tais crenças têm baixíssimas probabilidades de serem verdadeiras.

Esta sua desvantagem, ainda que evidente em casos como o que acabámos de considerar, é, de todas as formas, a consequência de uma característica do internalismo que a maior parte dos epistemólogos contemporâneos considera ser uma *vantagem* em relação ao externalismo. Para perceber porquê devemos considerar o chamado «novo problema do génio maligno» (Lehrer, Cohen, 1983). Do velho problema do génio maligno iremos ocupar-nos no quinto capítulo, quando debatermos a questão do ceticismo sobre o conhecimento e considerarmos, em particular, argumentos baseados sobre a conjetura (por exemplo, a cartesiana, relativa ao génio maligno) de que todas as nossas crenças são fruto de um engano sistemático. Por agora, de todas as formas, podemos concentrar-nos sobre o novo problema do génio maligno. Imagine o leitor um seu alter ego mental, ou seja, alguém que tenha exatamente as suas crenças, que tenha tido e continue a ter experiências percetivas indistintas das suas, que tenha as mesmas recordações, etc.

Em poucas palavras, tem de imaginar alguém cuja perspetiva epistémica é indistinta da sua. Imagine, porém, que a sua situação é objetivamente muito diferente da do seu alter ego. Lehrer e Cohen repropõem o cenário elaborado por Descartes do engano sistemático por parte de um génio maligno. No nosso caso, pode ser mais imediatamente compreensível recorrer a um exemplo cinematográfico. No filme *Matrix*, o mundo é dominado pelas máquinas e os seres humanos são mantidos em vida dentro de recipientes de líquido nutritivo. Mediante um computador, os seus cérebros são constantemente estimulados de maneira a gerarem a ilusão de uma realidade material. Todos creem que percecionam os objetos em seu redor, que se movimentam, que interagem com as outras pessoas, que se alimentam, etc. Mas é tudo falso. Embora lhes seja impossível aperceberem-se da natureza ilusória das suas experiências, os seus corpos estão imóveis nos recipientes, e nada daquilo que julgam ver, tocar ou fazer é real. Por comodidade, podemos dizer que um ser humano nestas condições é uma «vítima da Matrix». Agora, imagine que o seu alter ego — ao contrário de si — é uma vítima da Matrix. Sendo assim, embora internamente indistinguível, o leitor e o seu alter ego diferem fortemente no grau de fiabilidade das vossas crenças. A maior parte das vezes em que o leitor tem uma experiência de que P, ou a recordação de que P, e acredita que P, não se engana. Se, por exemplo, lhe parece ver um livro em cima da mesa, habitualmente não se engana se se convencer do facto de que existe um livro em cima da mesa. Na maior parte das vezes em que o seu alter ego parece ver ou recordar P, e o seu alter ego acredita que P, o seu alter ego, ao invés, engana-se. Se, por exemplo, o seu alter ego tem a impressão de ver um livro em cima da mesa ou de ir de autocarro para o trabalho, o seu alter ego engana-se: embora as experiências do seu alter ego sejam indistintas das do leitor, o seu alter ego não saiu do recipiente, não observou uma mesa real nem foi para o trabalho de autocarro. Apesar disso, é fortemente intuitivo que o leitor e o seu alter ego têm o mesmo grau de justificação. O internalismo é capaz de explicar esta intuição: tudo aquilo que é razoável crer para o leitor é, com efeito, razoável crer também para o seu alter ego, porque a perspetiva do seu alter ego, por definição, é indistinta da sua. O externalista, ao invés, está comprometido a rejeitar a intuição de que o leitor e o seu alter ego têm o mesmo grau de justificação: as crenças do leitor estão justificadas, pois são *output* de processos fiáveis de formação de crenças, enquanto as crenças do alter ego são injustificadas, pois são *output* de processos não fiáveis de formação de crenças.

Neste livro não podemos ir mais além do que isto no debate entre internalistas e externalistas sobre a justificação. Tendo em conta a finalidade introdutória desta obra, é suficiente ter esclarecido de que modo a noção de justificação é normalmente entendida por quem discute C_3, ou seja, em linha com a abordagem internalista, de que modo os externalistas propõem uma abordagem alternativa e quais são algumas das questões mais urgentes a que os defensores de ambas as posições são chamados a dar resposta. Na parte que resta deste capítulo, vamos enfrentar uma série de distinções relativas à noção de justificação, à luz das quais vamos ser capazes, no fim, de formular uma versão mais precisa de C_3. Uma vez que C_3 pressupõe uma abordagem internalista à justificação, tenderei a exprimir-me como se tais distinções fossem relativas à justificação de tipo internalista. Mas não se deve esquecer que as distinções em causa dizem respeito, em geral, à noção de justificação e que cada teoria da justificação — internalista ou externalista — deve conseguir explicá-las.

2.3.3. Justificação proposicional e justificação doxástica

Os epistemólogos contemporâneos costumam fazer a distinção entre justificação proposicional (ou justificação *ex ante*) e justificação doxástica (ou justificação *ex post*). Se S está justificado proposicionalmente a crer P, S tem razões internas à sua perspetiva à luz das quais formar a crença de que P é um meio eficaz para alcançar o fim epistémico de crer o verdadeiro a propósito de P. S está justificado doxasticamente a crer P quando crê P pelas razões que o justificam proposicionalmente a crer P.

Para perceber como pode S ter a primeira justificação, e não a segunda, é importante notar que, do ponto de vista de S, crer P pode ser um meio eficaz para crer o verdadeiro a propósito de P, de maneira totalmente independente do facto de S crer ou não P, ou, no caso em que S de facto creia P, independentemente do facto de S crer P pelas razões que, do seu ponto de vista, tornam crer P um meio eficaz para crer o verdadeiro. Vamos ajudar-nos de novo com um exemplo.

Se todas as fontes de informação a que a Mafalda tem acesso certificam que Otava é a capital do Canadá, do ponto de vista da Mafalda, crer que Otava é a capital do Canadá é um meio eficaz para alcançar o fim de crer o verdadeiro a propósito de qual é a capital do Canadá. Isto continua a ser verdadeiro, mesmo que a Mafalda, de facto, se abstenha de crer que Otava é a capital do Canadá — eventualmente porque pode fazer melhor do que tomar interiormente posição sobre qual seja a capital do Canadá —, se crê que qualquer outra cidade seja a capital do Canadá ou se crê que Otava é a capital do Canadá com base em razões que nada têm a ver com alcançar a verdade crendo-a (por exemplo, se crê que Otava é a capital do Canadá porque considera esta tese bizarra ou divertida). A Mafalda tem justificação proposicional (ou justificação *ex ante*) para crer que Otava é a capital do Canadá. Mas tem justificação doxástica (ou *ex post*) somente se crê que Otava é a capital do Canadá com base em razões apropriadas, ou seja, porque todas as fontes de informação a que tem acesso o certificam.

Questão em parte controversa é a de saber o que significa que a crença de um sujeito S se baseia numa razão R. Em geral, considera-se que as razões R de um sujeito S são constituídas por estados mentais específicos de S: as suas experiências percetivas, as suas crenças, as suas recordações, etc. Por exemplo, consideramos natural dizer que o Tomás, ao olhar para o automóvel da mulher, tem uma razão para pensar que é um automóvel vermelho, que a crença da Carolina de que nevou a noite toda é, para ela, uma boa razão para crer que o seu automóvel está coberto de neve e que recordar-se de ter comido cereais ao pequeno-almoço é uma boa razão para crer tê-lo feito. A maior parte dos epistemólogos concorda com o facto de uma crença, por estar baseada numa razão, dever ser causada por essa razão (Harman, 1970; Goldman, 2015; Swain, 1979; Alston, 1988; Moser, 1989; Huemer, 2001).

Imagine o leitor — para compreender o que quer dizer que um estado mental causa uma crença — que está sentado num quarto às escuras e que alguém, de repente, acende a luz. Numa situação do género, é psicologicamente impossível abster-se de formar a crença de que o quarto está iluminado. É assim porque o estado perceptivo causou a crença correspondente. Habitualmente, as teorias causais requerem explicitamente que entre uma razão e a crença baseada nessa razão se estabeleça uma relação causal *apropriada*. A adição de tal condição é motivada pelo facto de que, quando uma crença é causada de maneira desviante por um estado mental, é fortemente intuitivo que o estado mental não é a razão com base na qual a crença se forma. Considere-se, por exemplo, o seguinte caso imaginado por Alvin Plantinga (1993). A Sylvia, ao ver uma amiga a aproximar-se, convence-se da sua presença iminente. Este facto deixa-a nervosa, e, por descuido entorna o café quente em cima das pernas, acabando, inevitavelmente, por crer que se queimou. A crença relativa à iminente presença da amiga é um antecedente causal da crença de se ter queimado, mas a primeira crença não é a razão que leva a Sylvia a crer que se queimou. Para os defensores da abordagem causal, o desafio é, portanto, explicar o que é uma relação causal não desviante. Uma possibilidade, recentemente tida em consideração por Kevin McCain (2012), é afirmar que um estado mental causa de maneira não desviante uma crença quando o faz diretamente, ou seja, sem a intermediação de outros estados mentais. Uma solução do género explica por que razão a crença da Sylvia de se ter queimado não se baseia na crença relativa à amiga: a causa imediata da primeira crença não é a segunda crença, mas, mais plausivelmente, a sensação de dor e os estados percetivos da Sylvia.

2.3.4. Justificação epistémica e verdade

Uma questão à parte, quando se fala de justificação epistémica, é a da sua relação com a noção de verdade. Já vimos que entre as duas noções existe uma relação estreita, pelo menos na medida em que parece sensato caracterizar a justificação epistémica — ou a noção de razão epistémica — dizendo que um sujeito S está justificado do ponto de vista epistémico a — ou que tem razões epistémicas para — crer P quando, do seu ponto de vista, crer P é um meio para atingir o fim epistémico de crer o verdadeiro. Também vimos que a maior parte dos epistemólogos interpreta a noção de verdade em sentido não epistémico. Este facto, recorde-se o ponto 2.2, obriga a admitir a possibilidade de proposições que são verdadeiras, mas que ninguém está justificado a crer. A maior parte dos epistemólogos contemporâneos admite também o caso simétrico: isto é, a existência de proposições falsas que estamos justificados a crer. Embora em casos específicos tal afirmação tenha sido contestada localmente — por exemplo, no que diz respeito a determinadas verdades necessárias ou no que respeita às crenças sobre como as coisas parecem ser para um sujeito S —, existe, em geral, uma certa concordância sobre o facto de a justificação epistémica ser falível, isto é, que é possível ter boas razões que justificam crenças falsas. Como vimos, o internalista reconhece-o, explicitamente, quando reivindica que é mérito da sua conceção o facto de ter a consequência de uma vítima da Matrix, ainda que sistematicamente enganada, ter a mesma justificação da sua contraparte não cética. De todas as formas, também os externalistas são capazes de reconhecer que uma crença pode ser justificada, mas ser falsa. Como vimos, por exemplo, Goldman afirma que uma crença é justificada se, e somente se, for o *output* de um processo fiável de formação de crenças; e, plausivelmente, a fiabilidade do processo apenas torna provável que a crença seja verdadeira, mas não o garante de modo conclusivo. Uma crença pode, portanto, ser falsa e ser o *output* de um processo fiável de formação de crenças.

2.3.5. Justificação *prima facie* e justificação *ultima facie*

Outra distinção que é oportuno fazer, relativamente à justificação epistémica, é a distinção entre justificação (ou razões) *prima facie* e justificação (ou razões) *ultima facie*. Para ilustrar esta distinção, é útil examinar três situações epistémicas muito diferentes entre si, que adapto de Thomas Senor (1996).

Primeiro caso. A Margherita está convencida de que a Gelsomina não gosta de peixe-espada porque no restaurante, embora tivesse oportunidade de o mandar vir, pediu uma salada.

Segundo caso. O Sandro observa a entrada e, ao fundo do corredor, vê aproximar-se uma pessoa parecida com o Giacomo. Apesar de algumas horas antes ter falado por Skype com o Giacomo, que está na Austrália, convence-se de que a pessoa que vem ao seu encontro é Giacomo.

Terceiro caso. O automóvel do Enrico não pega. O Enrico tenta perceber de onde vem o problema, mas parece estar tudo bem. A certo ponto dá-se conta de que o ponteiro do combustível indica que o depósito está completamente vazio. Convence-se, então, de que o automóvel não pega porque não tem gasolina.

O primeiro caso e o segundo assemelham-se porque a crença da Margherita, tal como a do Sandro, é injustificada. Mas o segundo caso assemelha-se também ao terceiro porque, ao contrário da crença da Margherita, a crença do Sandro é, pelo menos inicialmente, justificada por uma boa razão, a de ver aproximar-se alguém parecido com o Giacomo. O problema da crença do Sandro é que a eficácia de tal razão está aparentemente comprometida pelo facto de o Sandro também ter razões para pensar que a pessoa ao fundo do corredor, embora pareça o Giacomo, não o pode ser. A crença da Margherita, ao invés, é injustificada porque o facto de a Gelsomina ter pedido uma salada não é uma boa razão para crer que ela não gosta de peixe-espada.

A distinção entre justificação *prima facie* e justificação *ultima facie* serve para descrever estas diferenças. A crença da Margherita é injustificada, pois não se baseia em boas razões. A crença do Sandro, ao invés, é justificada *prima facie* (porque se baseia em boas razões, que normalmente o teriam justificado), mas é injustificada *ultima facie* (porque o Sandro tem razões mais fortes que comprometem a eficácia das primeiras razões). Por fim, a crença do Enrico é justificada tanto *prima facie* (porque se baseia em boas razões) como *ultima facie* (porque nenhuma das verificações executadas pelo Enrico compromete a bondade das primeiras razões).

Os epistemólogos contemporâneos, a partir do trabalho pioneiro de John Pollock (1986), costumam identificar pelo menos dois modos como a bondade das razões de um sujeito pode estar comprometida, ou melhor, numa terminologia mais precisa, dois modos como a justificação para crer uma proposição P baseada em determinadas razões R_1 pode ser derrotada (*defeated*) por outras razões R_2.

Para começar, as razões R_2 podem derrotar a justificação de P baseada nas razões R_1, minando a sua credibilidade aos olhos do sujeito S, ou seja, dando ao sujeito razões para pensar que as razões R_1 não são indicadores fiáveis da verdade de P. Em condições normais, olhando para uma parede branca, um sujeito S adquire uma razão R_1 para crer que a parede é branca. Se, todavia, vem a saber que aquela parede branca está iluminada por uma luz especial que a faz parecer branca, independentemente da sua cor verdadeira, S fica com uma segunda razão R_2, que parece comprometer a eficácia epistémica de R_1, porque, à luz de R_2, R_1 revela-se um guia duvidoso para a cor da parede. Quando um derrotador (do inglês *defeater*) R_2 da justificação baseada em R_1 atua da maneira indicada, isto é, desacreditando a fiabilidade de R_1, tal derrotador é denominado na literatura como *erosivo* (na literatura de língua inglesa *underminer* ou *undercutter*). O efeito epistémico de um derrotador erosivo R_E da justificação para P baseada numa qualquer razão R é o de privar o sujeito de razões para tomar uma qualquer posição sobre P. Quando o sujeito S fica a saber da natureza particular da iluminação, parecer-lhe que a parede é branca deixa de ser uma boa razão para pensar que é branca; ao mesmo tempo, não dá a S novas razões para pensar que a parede tem alguma cor em particular.

Um segundo modo de as razões R_2 derrotarem a justificação para P baseada nas razões R_1 é quando as razões R_2 são razões mais fortes para crer numa segunda proposição Q, incompatível com P. A crença do Sandro ilustra esta modalidade. Consideremos, agora, outro exemplo. Em condições normais, o facto de a minha mulher me dizer ao telefone que está vestida de azul é uma boa razão R_1 para crer (P) que a minha mulher está vestida de azul. Todavia, a eficácia epistémica de R_1 está, aparentemente, comprometida se, indo à janela, vir a minha mulher na rua vestida de vermelho. Neste caso, tenho uma segunda e mais forte razão R_2 para crer numa proposição incompatível com (P), ou seja, a proposição (~P) de que a minha mulher está vestida de vermelho. Quando um derrotador atua da maneira indicada, ou seja, fornece razões mais fortes para crer numa proposição incompatível com P, tal derrotador é denominado na literatura por *decisivo* (na literatura de língua inglesa *overrider* ou *rebutter*). O efeito epistémico de um derrotador decisivo R_D da justificação para P baseada numa qualquer razão R é o de privar o sujeito de razões para crer P e de lhe dar razões para crer numa proposição ~P incompatível com P. Quando, da janela, vejo a minha mulher e vejo a cor vermelha do seu vestido, já não tenho razões para pensar que está vestida de azul, mas fico com razões para crer que está vestida de vermelho.

Um terceiro modo, descrito por M. Bergmann (2006), de as razões R_2 poderem derrotar a eficácia das razões R_1 é mostrar a sua falsidade. Imagine-se a seguinte situação: S ouve na rádio o boletim meteorológico que informa da ocorrência de fortes chuvadas em Aveiro. Consequentemente, S forma a crença de que em Aveiro chove. Esta crença é uma boa razão (R_1) para crer (P) que em Aveiro muitas mais pessoas do que o normal estão a usar chapéu de chuva. A justificação de S para crer P fica, porém, claramente comprometida se S adquire uma razão (R_2) para pensar que (R_1) é falsa, ou seja, para pensar que em Aveiro não chove. Suponhamos, por exemplo, que S recebe um telefonema de um amigo de Aveiro que lhe garante que em Aveiro está sol. Nesse caso, S fica com razões para negar R_1 e, portanto, perde a sua justificação para pensar que muitas mais pessoas do que o normal estão a usar chapéu de chuva. Quando um derrotador R_2 da justificação para P baseada em R_1, atua da maneira indicada, comprometendo a justificação para R_1, esse derrotador é denominado *reason-defeating defeater*. Este tipo de derrotadores podem ser chamados em português derrotadores da justificação da premissa. O efeito epistémico de um derrotador da justificação da premissa R_{DJP} da justificação para P baseada numa qualquer razão R varia consoante a forma como R_{DJP} derrotar a justificação para crer R. Se R_{DJP} é um derrotador erosivo da justificação de S para R, S fica privado de razões para tomar posição sobre P. Se, ao invés, R_{DJP} é um derrotador decisivo da justificação de S para R, S habitualmente adquire razões para crer numa proposição incompatível com P. O exemplo anterior ilustra esta possibilidade. Quando recebe o telefonema do amigo, S adquire uma razão para crer que em Aveiro não chove, e esta crença é para S uma razão para crer que em Aveiro o número de pessoas que está a usar o chapéu de chuva não é superior ao normal. Se, ao invés, tivesse adquirido um derrotador erosivo — por exemplo, uma razão para pensar que o boletim meteorológico não era fiável —, ficaria privado de razões para tomar posição em relação a R_1 e, portanto, em relação a P.

2.4. A análise tradicional do conhecimento 2.0

As distinções que delineámos nos pontos anteriores colocam-nos na posição de formular C_3 de maneira mais precisa.

Para começar, C_3 requer explicitamente que a crença de S, para ser conhecimento, tem de ser verdadeira e estar justificada. Mas vimos que a crença de S pode ser justificada em vários sentidos (prudencial, moral, etc.), que intuitivamente não têm nada que ver com o conhecimento. Portanto, C_3 deve requerer explicitamente que a crença de S seja justificada epistemicamente.

Também não se deve perder de vista o facto de que C_3 só é um princípio plausível se a noção de justificação epistémica for interpretada como justificação doxástica. Retomemos o exemplo da Mafalda e suponhamos, mais uma vez, que todas as fontes de informação a que a Mafalda tem acesso certifiquem unanimemente que Otava é a capital do Canadá. Imaginemos, portanto, que a Mafalda, de facto, tem a convicção de que Otava é a capital do Canadá, mas que não formou tal crença refletindo sobre o facto de todas as fontes de informação reportarem que Otava é a capital do Canadá, mas porque considera óbvio que o nome da capital do Canadá deve começar por «O». Creio que existem poucas dúvidas, pelo menos no plano intuitivo, sobre o facto de que neste caso a Mafalda não teria conhecimento de que Otava é a capital do Canadá, embora, indubitavelmente, tivesse uma crença verdadeira e justificada no plano proposicional. Para o conhecimento, portanto, parece que se requer algo mais, ou seja, que o sujeito forme a crença relevante baseando-se nas razões que a justificam proposicionalmente. Em substância, a crença de um sujeito, para ambicionar o estatuto de conhecimento, deve ser verdadeira e estar justificada epistemicamente, para além do sentido proposicional, no sentido doxástico.

Por fim, não devemos esquecer que C_3 só é plausível se requerer que a justificação de S seja justificação *ultima facie*. Consideremos o seguinte exemplo. O Luca acabou de saber que o novo animal de estimação da Ada é uma ave. Isto dá-lhe razões para crer que o novo animal de estimação da Ada é capaz de voar. Mas suponhamos que o Tommaso revela ao Luca que o novo animal de estimação da Ada é uma galinha. Neste caso, Luca adquire, em simultâneo, um derrotador erosivo e decisivo da justificação que tinha para crer que o novo animal de estimação da Ada voava. O resultado final é que o Luca, agora, tem justificação *ultima facie* para pensar que o novo animal de estimação da Ada não voa. Suponhamos, todavia, que o Luca continua a pensar que o novo animal doméstico da Ada voa. E suponhamos que a da Ada seja uma das poucas galinhas voadoras que existem na natureza. A crença do Luca não seria um caso de conhecimento. Todavia, seria verdadeira e, ainda que não justificada *ultima facie*, seria justificada *prima facie* pela razão, derrotada, de que tal animal de estimação é uma ave. Para evitar que C_3 obrigue a dizer que o Luca sabe que o animal de estimação da Ada sabe voar, é portanto oportuno reformular esse princípio explicitando que a crença de S deve ser justificada *ultima facie*. Em conclusão:

C_3^+ S sabe que P se, e somente se, (I) S crê que P, (II) a crença de S é verdadeira, (III) S tem justificação epistémica, doxástica, *ultima facie* para crer P.

2.5. Fechamento da justificação e transmissão

Como veremos no terceiro capítulo, C_3^+ fica exposta a uma série de contraexemplos que lhe minam fortemente a credibilidade. Tais contraexemplos pressupõem a validade de alguns princípios epistemológicos, chamados princípios do fechamento. Antes de passar a ilustrar estes contraexemplos é necessário determo-nos em tais princípios e na diferença que existe entre estes princípios e outros com os quais os primeiros podem ser facilmente confundidos, chamados princípios de transmissão. Deste modo, para além de prepararmos o terreno para a discussão dos próximos capítulos, poderemos completar a discussão sobre a noção de justificação epistémica levada a cabo na segunda parte deste capítulo.

Em geral, uma determinada propriedade Pr é dita fechada relativamente a uma certa relação R se, e somente se, do facto que *x* exemplifica Pr, e do facto que entre *x* e *y* intercorre R, segue necessariamente que também *y* exemplifica Pr. Um exemplo é o do chamado fechamento causal do mundo físico: segundo esta tese, se *x* é um acontecimento físico e R é a relação causal, do facto que R intercorre entre *x* e *y* segue necessariamente que *y* é um acontecimento físico. A justificação epistémica, segundo a maioria dos filósofos, é fechada sob a implicação lógica conhecida. Neste caso, a propriedade a estar fechada é aquela, exemplificada por proposições ou sujeitos, de estar justificada no plano epistémico, e a relação relativamente à qual tal propriedade está fechada é a que intercorre entre duas proposições quando o sujeito sabe que a primeira é uma consequência lógica da segunda. Existem dois princípios do fechamento da justificação. O princípio do fechamento para a justificação proposicional diz o seguinte:

C_P Se o sujeito S está justificado proposicionalmente a crer P e S sabe que Q resulta de P, necessariamente S está justificado proposicionalmente a crer Q.

Por exemplo, se a Carolina tem razões para pensar que o Tommaso está em Pavia, e a Carolina tem consciência do facto de que, se o Tommaso está em Pavia, então ele não está no Porto, segue de C_P que a Carolina tem razões para pensar que o Tommaso não está no Porto.

No que respeita ao princípio do fechamento para a justificação doxástica, a relação relevante não é apenas a implicação conhecida, mas o facto de ser uma proposição competentemente deduzida de outra por parte do sujeito. Que o sujeito S deduza de maneira competente a proposição Q da proposição P quer dizer, *grosso modo*, que S tem consciência do facto de que Q resulta de P, forma a crença de que Q com base na crença de que P e conserva a crença de que P o tempo inteiro.

O princípio do fechamento para a justificação doxástica diz o seguinte:

C_D Se o sujeito S crê justificadamente P e S deduz de maneira competente Q de P, necessariamente S crê justificadamente Q.

Se a Carolina crê justificadamente que o Tommaso está em Pavia, e deduz de maneira competente que, então, não está no Porto, resulta do princípio do fechamento da justificação doxástica que a Carolina crê justificadamente que o Tommaso não está no Porto.

Fred Dretske (1970) afirmou que os princípios do fechamento não são incondicionalmente válidos (tese análoga, a propósito do conhecimento — como veremos no ponto 4.4 —, é defendida por Nozick, 1987). Dretske adota uma terminologia diferente daquela que utilizamos habitualmente. Por isso, antes de introduzirmos as argumentações de Dretske contra os princípios do fechamento, é necessário fazer algumas observações preliminares. Para Dretske, um operador enunciativo é uma qualquer expressão que, aplicada a um enunciado declarativo, produz um novo enunciado declarativo. «É estranho que», «É necessário que», «É verdade que» são operadores enunciativos. Concentremo-nos no primeiro operador e no terceiro. Aplicado ao enunciado «O Tommaso é casado», o primeiro operador gera o segundo enunciado, «É estranho que o Tommaso seja casado»; e, aplicado ao enunciado «A Terra é um planeta», o terceiro operador gera o enunciado, diferente do primeiro, «É verdade que a Terra é um planeta». Alguns operadores, diz Dretske, são plenamente penetrantes. Um operador j é plenamente penetrante se, e somente se, por cada P e Q tais que Q resulta de P, j (Q) — isto é, o enunciado gerado aplicando j a Q — resulta de j(P) —, ou seja, do enunciado gerado aplicando j a P. Se j é plenamente penetrante, a propriedade veiculada por tal operador está, por outras palavras, fechada relativamente à implicação. Tomemos o exemplo do operador «É verdade que». Este operador é plenamente penetrante: se Q resulta de P, «É verdade que Q» resulta de «É verdade que P». Mas isto, expresso numa terminologia que nos é mais familiar, não significa mais do que o seguinte: que a verdade está fechada sob implicação lógica. Para Dretske, nem todos os operadores enunciativos são plenamente penetrantes. O operador «É estranho que», por exemplo, não o é. O enunciado «A Maria aceitou um convite para almoçar» resulta de «A Maria aceitou o convite do Tommaso para almoçar». Mas o enunciado « É estranho que a Maria tenha aceitado um convite para almoçar» não resulta de «É estranho que a Maria tenha aceitado o convite do Tommaso para almoçar». A Maria poderia ter razões específicas para não querer almoçar com o Tommaso, mas nenhuma razão para não aceitar um convite de outrem para almoçar.

Existem, depois, operadores intermédios, por assim dizer, relativamente aos operadores plenamente penetrantes, tal como o operador «É verdade que», e operadores não penetrantes, como «É estranho que». Tais operadores são chamados semipenetrantes. São operadores que, em geral, se comportam como operadores penetrantes, mas que em certos casos específicos não são penetrantes. Um exemplo central, parcialmente reformulado, é o operador «S tem justificação proposicional para». Normalmente, se S tem consciência do facto de que Q resulta de P, e S tem justificação proposicional para P, então S tem justificação proposicional para Q. Nestes casos, o operador comporta-se como operador penetrante. Isto quer dizer que, nestes casos, a justificação está fechada relativamente à implicação lógica conhecida. Mas, em certos casos, para Dretske, não é assim. Isto quer dizer que, nos casos relevantes, para Dretske, a justificação proposicional não está fechada relativamente à implicação lógica conhecida. Isto é, há casos em que S tem justificação proposicional para P, tem consciência do facto de que Q resulta de P, mas S não tem justificação proposicional para Q. Um exemplo célebre de Dretske é o seguinte:

(E) Os animais na jaula com o letreiro «Zebras» têm o aspeto típico das zebras.
(P) Os animais na jaula são zebras.
(Q) Os animais na jaula não são mulas pintadas de maneira a parecerem zebras.

Embora Dretske utilize este exemplo para argumentar a favor da tese de que o operador «S sabe que» não é plenamente penetrante (e, portanto, a favor da tese de que é o conhecimento, e não a justificação proposicional, a não estar fechado relativamente à implicação conhecida), as mesmas considerações podem ser utilizadas para argumentar em favor da tese do operador «S tem justificação proposicional para crer» não ser plenamente penetrante (e, portanto, a favor da tese de que também a justificação proposicional, para além do conhecimento, não está fechada relativamente à implicação conhecida). Segundo Dretske, quando S, olhando na direção da jaula, se apercebe de que E é verdadeira, adquire razões que o justificam a crer P. Mas deste modo não adquire também razões que o justificam a crer Q. Para estar justificado a crer Q, segundo Dretske, S tem de operar verificações adicionais — verificações de que não precisa para estar justificado a crer P com base em E —, como, por exemplo, observar os animais mais de perto ou interpelar os diretores do jardim zoológico. A inferência de P em Q, para Dretske, contraexemplifica, portanto, o fechamento: ainda que, quando se apercebe da verdade de E, S tenha justificação proposicional para crer P, e, ainda que S consiga dar-se conta do facto de que Q resulta de P, S não tem justificação proposicional para crer Q. Segundo Dretske, a inferência de P em Q exemplifica uma tipologia mais geral de inferências que violam o princípio do fechamento. Estas inferências têm como premissa uma proposição ordinária — como a proposição de que os animais na jaula são zebras — e, como conclusão, uma específica consequência, chamada consequência por contraste, da primeira proposição — como, precisamente, a proposição de que os animais na jaula não são mulas pintadas de maneira a parecerem zebras. Uma consequência por contraste de uma proposição P é, em geral, a negação de uma proposição incompatível com P. Por exemplo, que eu não tenha nascido na Islândia é consequência por contraste da proposição que diz que eu nasci em Itália. Porque é negação de uma proposição — que eu nasci na Islândia — que é incompatível com a proposição que diz que eu nasci em Itália. As consequências específicas por contraste de uma proposição P em que Dretske se concentra são aquelas que, além disso, negam que esteja em ação um mecanismo qualquer que faz P parecer verdadeira. Uma destas consequências por contraste mais especificas da proposição «eu nasci em Itália», por exemplo, seria a seguinte: que ainda que todos os documentos disponíveis digam o contrario, eu não nasci na Islândia. No exemplo de Dretske, a proposição incompatível é a de que os animais são mulas (no caso, não são zebras), e o mecanismo de que se diz que não está em ação é o de que tais mulas estão pintadas de maneira a serem indistinguíveis de zebras verdadeiras.

A análise de Dretske não é partilhada pela maior parte dos epistemólogos contemporâneos. De facto, nenhum nega que as inferências em que Dretske se concentra são muito peculiares e, por muitas razões, problemáticas. Todavia, estão a ganhar popularidade análises alternativas à de Dretske. Consoante estas análises, a peculiaridade das inferências de Dretske não consiste em estabelecer contraexemplos do princípio do fechamento, mas em estabelecer contraexemplos de um princípio semelhante, mas distinto, chamado princípio de transmissão da justificação proposicional e doxástica (para uma visão de conjunto da literatura sobre o tema, cf. Moretti, Piazza, 2018). Em geral, uma qualquer propriedade Pr é transmitida através de uma certa relação R se, e somente se, *y* exemplifica Pr em virtude do facto que entre *x* e *y* intercorre R, e *x* exemplifica Pr. Por exemplo, a transferência de uma certa quantidade de dados D de um computador *x* para um computador *y* é um fenómeno de transmissão. Porque, quando a transferência ocorreu, o computador *y* contém D em virtude do facto de que o computador *x* os contém e em virtude do facto de que os dois computadores estão interligados de alguma forma. O princípio de transmissão para a justificação proposicional diz:

T_P Se (I) S tem razões que o justificam a crer P e (II) S sabe que Q resulta de P, (III) em virtude da satisfação de (I) e (II) S adquire razões que o justificam a crer Q.

O princípio de transmissão para a justificação doxástica diz:

T_D Se (I*) S tem justificação doxástica para crer P e (II*) S deduz de maneira competente Q de P, (III*) em virtude da satisfação de (I*) e (II*) S adquire justificação doxástica para crer Q.

T_P e T_D podem facilmente ser confundidas com C_P e C_D. Porque se tende a dar por adquirido que quem tem justificação para P e tem consciência da implicação entre P e Q precisamente por este motivo não pode deixar de ter justificação para Q. Mas, como veremos daqui a pouco, as coisas não são necessariamente assim. Embora seja verdade que quem tem justificação para P e tem consciência da implicação entre P e Q não pode deixar de ter justificação para Q, esta última justificação não depende necessariamente da justificação para P e da consciência da implicação. Consideremos o seguinte exemplo de Wright, o filósofo que, com uma série de publicações (Wright, 1985; 2002; 2003; 2004; 2007; 2011), foi o primeiro a chamar a atenção na distinção entre o princípio da transmissão e o princípio do fechamento. Suponhamos que a Jessica e a Jocelyn são duas gémeas indistinguíveis e consideremos as seguintes três proposições:

(E*) Aquela rapariga tem o aspeto de uma das duas gémeas.
(P*) Aquela rapariga é a Jessica.
(Q*) Aquela rapariga não é a Jocelyn.

Segundo a análise de Wright, a inferência de (P*) para (Q*) não respeita os princípios de transmissão da justificação proposicional e doxástica, mas respeita os princípios do fechamento. Concentremo-nos, em específico, no princípio de transmissão da justificação proposicional. Segundo este princípio, todo o caso em que (I*) S está justificado a crer P* com base em E* e (II*) S sabe que Q* resulta de P* deve ser um caso em que vale (III*), ou seja, deve ser um caso em que S está justificado a crer Q* em virtude da satisfação de (I*) e (II*). Mas, como demonstram as considerações seguintes, é impossível que (I*) e (II*) sejam satisfeitas e que (III*) seja satisfeita. Para perceber porquê, é necessário refletir sobre o facto de que, para ter justificação para crer (P*), ou seja, que a rapariga que está à nossa frente é a Jessica, exclusivamente com base no facto (E*) de que aquela rapariga tem o aspeto de qualquer uma das duas gémeas, é necessário ter justificação antecedente para crer (Q*), e portanto que a rapariga que está à nossa frente não é a indistinguível Jocelyn. Para ilustrar este ponto, suponhamos que o Marco tem justificação para excluir que a rapariga é a Jocelyn. Suponhamos, por exemplo, que o Marco acabou de falar por Skype com a Jocelyn, que está na Califórnia. Neste caso, ao observar uma rapariga que tem o aspeto de uma das duas gémeas — isto é, verificando (E*) —, o Marco adquire uma razão para crer (P*), isto é, que está a olhar para a Jessica. Neste caso, (I*) é satisfeita, mas (III*) não é satisfeita. O Marco está justificado a crer (Q*), portanto, que a rapariga que tem à sua frente não é a Jocelyn, mas não em virtude da satisfação de (I*) e (II*), mas porque se recorda de ter acabado de falar por Skype com a Jocelyn, que está na Califórnia. Suponhamos, então, que o Marco não tem razões antecedentes para crer (Q*). Neste caso, é (I*) que não pode ser satisfeita. Porque, se o Marco carece de razões antecedentes para crer Q* — isto é, para excluir que a rapariga que está à sua frente é uma das gémeas —, E* — que refere a presença de uma rapariga que poderia indiferentemente ser uma ou outra das gémeas — não é suficiente para dar ao Marco justificação para crer P* — que seja em específico uma das duas. Em conclusão, não são possíveis casos em que (I*), (II*) e (III*) são simultaneamente respeitadas.

Consideremos agora o princípio do fechamento da justificação proposicional. Este princípio não é contraexemplificado pelo exemplo da Jocelyn e da Jessica. Só seria contraexemplificado se fossem possíveis casos em que o Marco está justificado a crer P* com base em E*, sabe que Q* resulta de P*, mas não está justificado a crer Q*. Tais casos, como resulta evidente da análise antecedente, são, porém, impossíveis. Se o Marco está justificado a crer P* com base em E*, isto quer dizer que está (antecedentemente) justificado a crer Q*, e, nesse caso, o fechamento é respeitado, porque o Marco está justificado a crer P* e justificado a crer Q*. Se, ao invés, o Marco não está (antecedentemente) justificado a crer

Q*, também não está justificado a crer P* com base em E*; mas, também neste caso, o fechamento é respeitado, porque o Marco não tem justificação para crer P* com base em E* nem justificação para Q*.

Wright extrapola, do exemplo das gémeas, uma moral geral. Segundo o chamado esquema da dependência da informação (*Information-Dependence Template*), a justificação de E a P não é suscetível de ser transmitida à consequência de Q de P, se a capacidade de E de justificar P depender da justificação antecedente para crer Q. Quando E, P e Q satisfazem esta condição, a inferência de P a Q não é transmissiva em relação a E. Ou seja, é uma inferência que, embora não viole o princípio do fechamento, viola o princípio de transmissão.

Segundo Wright, a inferência em que Dretske se concentra tem exatamente tais características porque a capacidade de E — a proposição que diz que os animais na jaula parecem zebras — de justificar P — a proposição que diz que são zebras — depende, para Wright, da posse de justificação antecedente para crer Q — ou seja, para excluir que são mulas pintadas. Se Wright tem razão, portanto, a inferência de Dretske não viola o fechamento, mas viola o mais forte princípio da transmissão.

3. Contra a análise tradicional do conhecimento

3.1. Os contraexemplos de Gettier

No segundo capítulo vimos o que os epistemólogos querem dizer quando afirmam que um sujeito S tem uma crença verdadeira e o que significa, pelo menos nos seus aspetos menos controversos, que um sujeito S tem razões epistémicas para crer — ou está justificado epistemicamente a crer — numa determinada proposição. Estamos, portanto, em condições, voltando a C_3^+, de perceber melhor de que modo ela propõe que se analise o conhecimento e de apreciar em toda a sua extensão os contraexemplos propostos por Edmund Gettier (1963) no célebre, e brevíssimo, ensaio intitulado *Is Justified True Belief Knowledge?*

Eis o primeiro exemplo de Gettier. Jones e Smith concorreram ambos para o mesmo posto de trabalho. Smith, no entanto, tem razões para crer que o posto de trabalho será ocupado por Jones, porque foi o que lhe disse o chefe do pessoal da empresa em questão. Smith também tem razões para crer que Jones tem dez moedas no bolso, pois teve oportunidade de as contar. Smith, essencialmente, tem razões para crer que:

(1) Jones ficará com o posto de trabalho e Jones tem dez moedas no bolso.

Mas, como Smith sabe perfeitamente, (1) implica que:

(2) O homem que ficará com o posto de trabalho tem dez moedas no bolso.

Para os princípios do fechamento da justificação epistémica enunciados no fim do segundo capítulo, Smith tem razões para aceitar também (2), e a crença que forma, quando deduz competentemente (2) de (1), está doxasticamente justificada.

De facto, Smith tem razão, mas, à revelia de todos, tem razão porque ele próprio (e não Jones) vai ficar com o posto de trabalho e porque (também) ele (para além de Jones) tem dez moedas no bolso. Intuitivamente, Smith não sabe que a pessoa que ficará com o posto de trabalho tem dez moedas no bolso. Todavia, Smith (I) crê que a pessoa que ficará com o posto de trabalho tem dez moedas no bolso, (II) está justificado doxasticamente, *ultima facie*, a crer que a pessoa que ficará com o posto de trabalho tem dez moedas no bolso, e (III) é verdade que a pessoa que ficará com o posto de trabalho tem dez moedas no bolso. C_3^+ está, portanto, aparentemente contraexemplificada, porque resulta de C_3^+ que, no caso em questão, Smith sabe que a pessoa que ficará com o posto de trabalho tem dez moedas no bolso.

Vamos ao segundo exemplo de Gettier. Smith recorda-se que Jones sempre conduziu um *Ford*; para além do mais, acabou de lhe dar boleia num *Ford*. Smith tem, portanto, ótimas razões para crer que:

(3) Jones tem um *Ford*.

Há também um colega de Smith que se chama Brown. Smith não tem a mais pequena ideia de onde se encontra Brown. Todavia, infere de (3) as três seguintes disjunções:

(4) Jones tem um *Ford* ou Brown está em Boston.
(5) Jones tem um *Ford* ou Brown está em Barcelona.
(6) Jones tem um *Ford* ou Brown está em Brest-Litovsk.

Smith tem consciência de que cada uma das disjunções resulta da proposição segundo a qual Jones tem um *Ford*. Smith, de resto, tem ótimas razões para pensar que Jones tem um *Ford*. Daqui resulta, de novo para os princípios do fechamento, que Smith, quando deduz competentemente (4), (5) e (6) de (3), esteja doxasticamente justificado a aceitar cada uma das disjunções (embora, naturalmente, não tenha ideia de onde se encontra Brown).

Também neste caso, Smith crê numa proposição verdadeira. Mas também desta vez Smith tem razão não porque Jones tem um *Ford* — de facto, o *Ford* conduzido por Jones era um automóvel alugado —, mas porque Brown, por pura coincidência, está mesmo em Barcelona. Também neste segundo caso, é intuitivo que Smith não sabe que Jones tem um *Ford* ou que Brown está em Barcelona. Todavia, Smith (I) crê que Jones tem um *Ford* ou que

Brown está em Barcelona, (II) está justificado doxasticamente e *ultima facie* a crer que Jones tem um *Ford* ou que Brown está em Barcelona, e (III) é verdade que Jones tem um *Ford* ou que Brown está em Barcelona. C_3^+ está, portanto, contraexemplificada uma segunda vez, porque resulta de C_3^+ que, no caso em questão, Smith sabe que Jones tem um *Ford* ou que Brown está em Barcelona.

3.2. A moral negativa dos casos de Gettier

Recorde-se o exemplo, discutido no segundo capítulo, do homem que, depois de ter consultado o seu horóscopo, decide anular a sua viagem, porque se convence de que o *ferryboat* vai afundar. Nesse exemplo, a convicção do homem revela-se correta porque efetivamente o *ferryboat* acaba por se afundar. Mas o homem não sabia que o *ferryboat* se ia afundar. Porque, embora a sua crença fosse verdadeira, formara-a de maneira demasiado casual ou irrazoável para que lhe pudesse ser atribuído o mérito do seu sucesso epistémico e, portanto, para que lhe pudesse ser atribuído conhecimento. O exemplo, recorde-se, serviu para motivar a terceira condição da conceção tripartida, aquela segundo a qual uma crença verdadeira, para ser conhecimento, também deve ser justificada. Uma variante do exemplo mostrava, com efeito, que, se tivesse formado a crença baseando-se em boas razões — como, por exemplo, o testemunho do capitão do *ferryboat* que o informava da sua intenção de afundar o barco —, não teria formado uma crença verdadeira de maneira acidental e teria sido possível atribuir-lhe conhecimento. A moral ilustrada por este exemplo parecia consistir no seguinte: que a crença de um sujeito, para não ser verdadeira de modo demasiado fortuito ou acidental para ser um caso de conhecimento, deve ser justificada.

Os exemplos de Gettier, é importante sublinhar, não contradizem a ideia de que uma crença, para não ser verdadeira de modo demasiado casual, deve basear-se em boas razões. Isto é, não impõem a conclusão de que a justificação não é uma condição *necessária* do conhecimento. Mas aquilo que tais contraexemplos parecem contradizer é a ideia de que a uma crença é suficiente estar baseada em boas razões para não ser verdadeira de modo demasiado casual para ser conhecimento. Ou seja, justificam a rejeição da tese segundo a qual a justificação, juntamente com a crença e a verdade, é uma condição *suficiente* para o conhecimento. Os protagonistas dos casos de Gettier têm, com efeito, crenças verdadeiras que, apesar de se basearem em boas razões, são demasiado verdadeiras por acaso para contarem como conhecimentos. Neste sentido, os casos de Gettier deixam-nos uma moral instrutiva, mas completamente negativa. Fazem-nos perceber, contrariamente ao que tínhamos pensado, que uma crença baseada em boas razões pode sempre ser verdadeira de modo demasiado acidental para ser um caso de conhecimento. Os casos de Gettier deixam, então, inevitavelmente uma questão em aberto. Que coisa, se não o facto de se basear em boas razões, pode garantir que uma crença não seja verdadeira acidentalmente? O quarto capítulo é dedicado a apresentar as principais respostas a esta pergunta, que foram aparecendo durante o debate sobre o tema nos últimos cinquenta anos.

4. A análise do conhecimento depois de Gettier

4.1. Falsas razões

A primeira resposta publicada ao problema levantado por Gettier foi elaborada por Michael Clark (1963). É uma resposta que, apesar dos seus defeitos óbvios, merece ser analisada com uma certa atenção. Para descrever a proposta de Clark, é necessário recordar que se podem ter crenças muito bem justificadas, mas falsas. Quando tal acontece, fica-se exposto ao forte risco de multiplicar o número das próprias crenças falsas. Por exemplo, recorrendo a um caso histórico, antes de a alternativa heliocêntrica de Copérnico se impor, e antes de Galileu apresentar evidências experimentais a seu favor, os astrónomos também tinham boas razões, essencialmente baseadas na física aristotélica, para crerem que a Terra estava parada no centro do universo. Estes astrónomos estavam errados, e, por isso, a teoria que propunham para mostrar a compatibilidade da hipótese geocêntrica com as observações celestes continha muitos outros erros: atribuía aos planetas órbitas circulares, afirmava que o Sol girava em torno da Terra, postulava a existência de epiciclos, etc. Aquilo que este exemplo mostra é que, quando se parte de premissas falsas, muito facilmente se acaba por formar outras crenças falsas. Clark explora esta intuição para diagnosticar o defeito exibido pelas crenças dos protagonistas dos casos de Gettier e para propor uma terapia. Se, quando se parte de uma crença falsa, é fácil errar, é, num certo sentido, um acaso se, partindo de uma falsa premissa, se formar uma crença verdadeira. Mas é precisamente o que acontece a Smith nos dois casos sugeridos por Gettier. No primeiro caso, por exemplo, forma a crença verdadeira de que o homem destinado a ficar com o posto de trabalho tem dez moedas no bolso, partindo da falsa premissa de que é Jones quem está destinado a ficar com o posto de trabalho. É isto que a torna demasiado casualmente verdadeira para ser um caso de conhecimento. Uma possibilidade, à luz desta análise, é portanto a de modificar a definição tradicional de forma a incluir a condição que S não tem razões falsas:

C_4 S sabe que P se, e somente se, (I) S crê que P, (II) P é verdadeira, (III) S está justificado a crer que P, (IV) com base em razões verdadeiras.

C_4 está numa condição de superioridade relativamente a C_3^+, pelo menos no que respeita aos casos originais de Gettier: ao contrário de C_3^+, C_4, de facto, não prevê que Smith tenha conhecimento em nenhum dos casos. Todavia, a análise de Clark é vulnerável a novos contraexemplos, análogos aos originariamente apresentados por Gettier. Considere-se, por exemplo, o seguinte caso, inspirado noutro caso originalmente proposto por Alvin Goldman.

Brown — que é dono de um *stand* automóvel —, para convencer Smith a comprar um *Ford*, conta-lhe que também vendeu um ao seu colega Jones. Smith, portanto, forma a convicção de que Brown vendeu um *Ford* a Jones. De facto, foi precisamente o que aconteceu: na semana anterior Jones comprou efetivamente um *Ford* no *stand* de Brown. De modo totalmente natural, Smith infere da premissa de que Jones comprou um *Ford* a conclusão de que Jones possui um *Ford*, e também neste caso não erra. Todavia, não erra porque, ainda que Jones tenha vendido há pouco o automóvel comprado no *stand* de Brown, acabou de ganhar outro idêntico num sorteio. A crença de Smith de que Jones tem um *Ford* não se baseia numa falsidade. É justificada e também verdadeira. Todavia, mais uma vez, a verdade da crença de Smith parece ser demasiado acidental para contar como caso genuíno de conhecimento. A condição de que andávamos à procura, aquela que garante que uma crença não é verdadeira acidentalmente, não é, portanto, a identificada por Clark: uma crença justificada com base em razões verdadeiras também pode ser verdadeira de forma demasiado acidental para ser conhecimento.

4.2. Conhecimento e defeaters *proposicionais*

A definição C_3^+ difere de C_3, como nos recordamos, pelo facto de tornar explícita a exigência de o sujeito, para ter conhecimento de P, estar justificado *ultima facie* a crer P. Uma maneira diferente de dizer a mesma coisa é exigir que a justificação que o sujeito tem para crer P não seja derrotada. A ideia que está na base de uma segunda resposta influente aos contraexemplos de Gettier (Chisholm, 1964; Lehrer, Paxson, 1969; Klein, 1976; 1981) pode ser vista como uma generalização da ideia de que a justificação de um sujeito, para ser suficiente para o conhecimento, não seja derrotada.

A justificação que um sujeito tem com base em determinadas razões R_1, se for derrotada, é derrotada por outras razões R_2 do mesmo sujeito. É importante sublinhar o facto de que um sujeito S deve possuir R_2, para que estas razões possam exercer o seu efeito negativo sobre a justificação que tinha (ou que poderia ter tido) com base nas razões R_1. Quando estas razões existem, mas o sujeito não as possui, não têm qualquer impacto sobre a sua justificação. Retomemos o exemplo do segundo capítulo para esclarecer este ponto. A Adele olha para um relógio que marca 7h32 min sem ter a menor noção de que o relógio está avariado. Intuitivamente, nestas condições, a Adele está justificada a crer que são 7h32 min. Na situação descrita há uma razão R_2 capaz de derrotar a justificação baseada em R_1, isto é, que o relógio está avariado. Mas esta razão pode exercer o seu efeito só quando for adquirida pela Adele, isto é, só quando a Adele tomar consciência do facto de que o relógio está avariado.

A distinção acabada de introduzir, entre as razões que de facto derrotam a justificação que um sujeito tem para crer numa determinada proposição e as verdades de que o sujeito ainda não tomou consciência, mas que derrotariam a sua justificação quando ele tomasse consciência, é frequentemente descrita como a distinção entre «derrotadores psicológicos» (Lackey, 2007, p. 87) e «derrotadores proposicionais» (Bergman, 2006, p. 154). Em alternativa, os primeiros são por vezes chamados «derrotadores internos», e os segundos «derrotadores externos» (cf. por exemplo, Conee, Feldman, 2004, p. 105; Grundmann, 2011, p. 161). Os derrotadores proposicionais não têm qualquer impacto sobre a justificação enquanto o sujeito não toma consciência deles. Quando isto acontece, tornam-se derrotadores psicológicos e interagem com o resto das razões possuídas pelo sujeito nas modalidades descritas no ponto 2.3.4. Segundo Lehrer e Paxson, a existência de um derrotador proposicional tem, porém, o poder de impedir o sujeito de ter conhecimento. A razão é que a existência de tal derrotador, ainda que incapaz de a apagar, torna a justificação do sujeito desadequada para o conhecimento. A ideia, bastante intuitiva, é a de que, para ter conhecimento, o sujeito tem de possuir uma justificação estável, ou seja, uma justificação capaz de resistir à adição de novas crenças verdadeiras ao próprio sistema doxástico (De Almeida, Fett, 2015, pp. 155–156). A presença de derrotadores proposicionais implica precisamente que esta condição não seja satisfeita: naquele caso, existem verdades cuja adição se traduziria numa perda de justificação. A análise do conhecimento que Lehrer e Paxson propõem em alternativa a C_3^+ pode, portanto, ser posta nos seguintes termos:

C_5 S sabe que P e somente se (I) S crê que P, (II) P é verdadeira, (III) S está justificado a crer que P, (IV) não existem derrotadores proposicionais da justificação de S para P.

A cláusula (IV) é violada em ambos os casos de Gettier. No primeiro caso, Smith tem uma crença verdadeira e justificada, a crença de que o homem que ficará com o posto de trabalho tem dez moedas no bolso. Mas, se viesse a saber que Jones não ficará com o posto de trabalho, a justificação de Smith seria derrotada. Isto explica, segundo Lehrer e Paxson, por que razão Smith não sabe que o homem que ficará com o posto de trabalho tem dez moedas no bolso. A existência deste derrotador proposicional priva a justificação de Smith da estabilidade de que necessita para constituir a base de um caso de conhecimento.

Um problema inicial que aflige C_5, amplamente debatido na literatura, é o de que nem todos os derrotadores proposicionais parecem capazes de privar um sujeito do conhecimento. Para ilustrar precisamente este ponto, consideremos um exemplo proposto por Lehrer e Paxson (1969, pp. 228–229). Na biblioteca, vejo um ex-aluno meu chamado Tom Grabit a apropriar-se de um livro. Isto justifica-me a crer que o Tom Grabit acaba de roubar um livro da biblioteca. Porém, sem eu ter conhecimento, a mãe do Tom Grabit, acabou de declarar, mentindo, que o Tom está no estrangeiro e que quem estava na biblioteca era o gémeo do Tom, o John Grabit. Na realidade, o John Grabit não existe, e quem cometeu o furto foi mesmo o Tom Grabit. A proposição que relata o testemunho da mãe do Tom Grabit continua a ser, todavia, um derrotador proposicional da justificação que tenho para crer que o Tom acabou de roubar um livro: se eu soubesse da declaração da mãe do Tom Grabit, a minha justificação seria derrotada. Portanto, C_5 implica que não saiba que o Tom Grabit acabou de roubar um livro. Mas intuitivamente sei que o Tom Grabit roubou um livro, e o facto de a mãe do Tom Grabit ter feito uma declaração mentirosa não parece ser suficiente para apagar este facto.

Um modo natural de emendar C_5 é restringir a condição (IV) a uma subclasse específica de derrotadores proposicionais. Neste sentido, existem muitas propostas na literatura. Ainda que Lehrer e Paxson tenham avançado uma proposta própria, vou concentrar-me, aqui, na solução, mais influente, elaborada por Peter Klein (1976; 1981). Klein observa que, no exemplo do Tom Grabit, o derrotador proposicional é enganador. Um derrotador (psicológico ou proposicional) é enganador, no sentido de Klein, se a sua capacidade de derrotar a justificação de um sujeito depender de justificar uma proposição falsa. No exemplo introduzido por Lehrer e Paxson, o derrotador proposicional é a proposição que relata a declaração da mãe do Tom com o propósito de absolver o filho. É enganador porque a sua capacidade de derrotar a minha justificação para crer que o Tom roubou um livro depende de justificar uma crença falsa, aquela segundo a qual o Tom teria um irmão gémeo que se encontrava na biblioteca quando ocorreu o furto. Segundo Klein, a existência de uma derrotador proposicional enganador não é incompatível com o conhecimento. Dado que esse derrotador age justificando uma proposição falsa, existe, de facto, pelo menos uma proposição verdadeira que, se incluída entre as crenças do sujeito, lhe contrastaria o efeito, assim recuperando a justificação original. No exemplo do Tom Grabit, esta proposição diz que a mãe do Tom Grabit é uma mentirosa patológica e que não existe nenhum gémeo chamado John. Uma vez adquirida esta verdade, a declaração da mãe perderia a sua inicial capacidade de derrotar a justificação para crer que o Tom Grabit é um ladrão, baseada na minha observação direta. Tal justificação seria, portanto, reabilitada.

Ampliada de maneira a acolher a solução de Klein, a conceção em causa pode ser expressa nos seguintes termos:

> C_5^+ S sabe que P se, e somente se, (I) S crê que P, (II) P é verdadeira, (III) S está justificado a crer que P, (IV*) não existem derrotadores proposicionais não enganadores.

O debate atual está concentrado nalgumas objeções que foram feitas a C_5^+ (Feldman, 2003; Foley, 2012; Turri, 2012). A objeção de John Turri (2012), em particular, assume que é suficiente, para qualificar um derrotador R como enganador, que exista pelo menos uma proposição verdadeira, cuja adição ao sistema doxástico do sujeito seja capaz de recuperar a justificação comprometida por R. À luz desta conceção, Turri afirma que os derrotadores proposicionais que caracterizam todos os casos de Gettier são enganadores no sentido de Klein. No primeiro caso de Gettier, por exemplo, a justificação de Smith para crer que o homem que ficará com o posto de trabalho tem dez moedas no bolso ficaria comprometida se viesse a saber que Jones não ficará com o posto de trabalho, mas seria recuperada se soubesse que era ele próprio o destinado a ficar com o posto de trabalho. De Almeida e Fett (2015, pp. 165–167) replicaram a Turri afirmando que a sua objeção confunde verdades capazes de recuperar uma justificação comprometida com verdades capazes de gerarem uma nova justificação. Os casos de Gettier implicam verdades do segundo tipo, mas só as primeiras seriam relevantes para perceber o que é um derrotador enganador.

4.3 A teoria causal do conhecimento

Uma característica comum aos casos sugeridos por Gettier é que as razões que sustentam as crenças de Smith são relativas a factos diferentes daqueles que contribuem para tornar tais crenças verdadeiras. No primeiro caso, por exemplo, uma das razões pelas quais Smith crê que o homem que ficará com o posto de trabalho tem dez moedas no bolso é a crença de que Jones está destinado a ficar com o posto de trabalho. Como vimos, a primeira crença é verdadeira, mas tal crença não é tornada verdadeira (entre outras coisas) pelo facto de Jones vir a ficar com o posto de trabalho: é o facto de o próprio Smith ficar com o posto de trabalho (entre outras coisas) a torná-la verdadeira. A ideia defendida por Alvin Goldman (1967a) é a de que a razão pela qual, nos dois casos sugeridos por Gettier, Smith não tem conhecimento consiste precisamente nisto, ou seja, no facto de as crenças que fornecem a Smith as razões para crer numa certa proposição não serem relativas aos factos que tornam a crença nessa proposição verdadeira. A ideia de Goldman é a de que esta falta de coordenação entre os factos aos quais as razões de uma crença dizem respeito e os factos que tornam eventualmente verdadeira a crença, desastrosa no plano epistémico, pode ser eficazmente esconjurada, requerendo que a crença seja causada pelos factos aos quais a crença diz respeito e que a tornam verdadeira. Goldman, portanto, propõe emendar a definição tradicional de conhecimento nos seguintes termos:

C_6 S sabe que P se, e somente se, existe uma apropriada cadeia causal que liga a crença de S que P e o facto que P.

C_6 não menciona, pelo menos explicitamente, a condição de que a crença de S, para ser conhecimento, deve ser verdadeira e estar justificada no plano epistémico. A primeira condição é, de todas as formas, somente implícita: se o lado direito de C_6 estiver satisfeito, existe uma apropriada cadeia causal que liga o facto de que P e a crença de S de que P; mas, nesse caso, é, em primeiro lugar, um facto que P e, portanto, a crença de que P é tornada verdadeira por tal facto. No que respeita à segunda condição, a reflexão é mais articulada. A existência de uma apropriada cadeia causal entre o facto que P e a crença de S que P não garante, para além da verdade da crença, que a crença também esteja justificada. Não o garante, pelo menos, se, para que S esteja justificado a crer P, é necessário, como vimos algumas páginas atrás, que do ponto de vista de S crer P se perfila como meio eficaz para alcançar o fim epistémico de crer o verdadeiro (a propósito de P). A existência de uma apropriada cadeia causal entre o facto que P e a crença que P parece, porém, garantir que tal crença é o *output* de um método fiável de formação das crenças. As crenças baseadas na perceção são um exemplo paradigmático de crenças formadas utilizando um método fiável, precisamente porque são causadas pelos factos com que se relacionam. Mas, como vimos no terceiro capítulo, se uma crença é o *output* de um processo de formação fiável de formação das crenças, esta crença está justificada pelo menos no sentido externalista. Portanto, a análise proposta por Goldman parece mover-se no sentido de requerer — para que uma crença seja conhecimento — que tal crença seja verdadeira e esteja justificada em sentido externalista.

Como vimos, para que S saiba que P, Goldman requer que exista uma cadeia causal *apropriada* entre o facto que P e a crença de S que P. Esta exigência é justificada pelo facto de existirem cadeias causais desviantes entre factos e crenças que não parecem capazes, pelo menos no plano intuitivo, de gerarem conhecimento. Veja-se o seguinte exemplo, proposto por Robert Nozick (1981). Um cientista ligou o cérebro de um sujeito S — deixado a flutuar num líquido nutriente — a um supercomputador, o qual causa a formação de várias crenças por parte de S, uma das quais é a de ter sido deixado a flutuar num líquido nutriente e estar ligado a um supercomputador. Nozick acha intuitivo pensar que S, ainda que tenha uma crença que é a consequência causal do facto ao qual diz respeito, não sabe que está a flutuar num líquido nutriente e tem o cérebro ligado a um supercomputador. O acrescento, segundo o qual a ligação entre o facto que P e a crença que P deve ser apropriada ou não desviante, permite pôr de parte este género de contraexemplos. A teoria causal tem, de todas as formas, um problema fundamental, identificado pelo próprio Goldman (1967b) à luz do seguinte contraexemplo.

O Henrique vai ao volante do seu automóvel. Está a atravessar a chamada terra dos celeiros — um lençol de terra no meio do nada cheio de celeiros — quando a certa altura se detém a observar um celeiro que despertou a sua atenção. O Henrique convence-se, com razão, de que está perante um verdadeiro celeiro. Aquilo que não sabe é que todos os outros celeiros de que a paisagem parece estar cheia não são verdadeiros celeiros, mas celeiros de cartão construídos de propósito pelas autoridades locais para atraírem mais turistas. Intuitivamente, o Henrique não sabe que está a observar um celeiro verdadeiro. Dadas as características peculiares da terra dos celeiros, com efeito, é um acaso que o Henrique, ao observar aquilo que lhe parece ser um verdadeiro celeiro, tenha formado a crença verdadeira de estar a observar um verdadeiro celeiro. E, no entanto, a sua crença de estar a observar um verdadeiro celeiro foi causada, de maneira apropriada, pelo facto de tornar tal crença verdadeira. A ocorrência de uma relação causal entre uma crença e o facto que a torna verdadeira não parece, portanto, ser suficiente para garantir que a crença não seja verdadeira de maneira demasiado acidental para ser um caso de conhecimento.

4.4. A abordagem baseada na condição de sensibilidade

Como acabámos de ver, existem boas razões para recusar a tese de que é suficiente que uma crença verdadeira seja causada pelo facto ao qual diz respeito para que essa crença seja um caso de conhecimento. A análise de Nozick (1981) parte da observação de que, nos casos em que é intuitivo que exista conhecimento, e a condição causal identificada por Goldman é satisfeita, é também satisfeita uma condição mais geral, a qual não é satisfeita nos casos em que a condição causal é satisfeita e é intuitivo que não haja conhecimento. Para Nozick, este facto sugere que seja a satisfação da condição mais geral, e não a satisfação da condição causal, a garantir que uma crença não seja verdadeira demasiado acidentalmente para ser um caso de conhecimento. A condição em questão — conhecida como condição de sensibilidade (*Sensivity*) — é a seguinte:

(Se) Se não fosse o caso que P, S não acreditaria que P.

A condição (Se) tem a forma de um condicional no conjuntivo (ou condicional contrafactual) da forma <Se fosse o caso que A, seria o caso que B>. Dada a semântica para condicionais deste tipo elaborada por David Lewis (1973), (Se) é portanto satisfeita se, e somente se, os mundos possíveis mais semelhantes ao mundo atual em que não é o caso que P são mundos em que S não crê que P. Em muitos casos em que o facto de que P causa, pelo menos em parte, a formação por parte de S da crença de que P, a condição (Se) parece satisfeita. A Lucia olha pela janela e forma a crença verdadeira de que lá fora está a chover. O facto de estar a chover é causalmente relevante para a formação da crença; ao mesmo tempo, é plausível pensar, que se não tivesse chovido, a Lucia, olhando pela janela, não acreditaria que estava a chover. A condição (Se) não é todavia equivalente à condição causal. Isto é, há casos em que a crença de S de que P é causada pelo facto de que P, mas a condição (Se) não é satisfeita. É o que acontece no caso sugerido por Goldman. A crença do Henrique de estar perante um celeiro verdadeiro é causada de modo não desviante pela interação com um verdadeiro celeiro. Mas esta crença não é sensível. O mundo possível mais semelhante ao mundo atual em que o Henrique não está a olhar para um verdadeiro celeiro, de facto, é um mundo em que está a olhar para um falso celeiro e, não se apercebendo da diferença, crê estar a olhar para um celeiro verdadeiro. A condição (Se), para Nozick, capta melhor da condição causal o sentido em que uma crença, para ser conhecimento, não deve ser acidentalmente verdadeira. Para ser conhecimento, uma crença deve ter uma relação modal apropriada com a verdade. O modo como o sujeito forma uma crença verdadeira deve, por outras palavras, garantir que o sujeito não formaria a crença se esta fosse falsa. Embora a discussão contemporânea se tenha concentrado maioritariamente sobre (Se), é preciso lembrar que Nozick, para captar melhor o sentido em que uma crença deve não ser acidentalmente verdadeira para ser conhecimento, acrescenta uma segunda condição contrafactual (as vezes chamada condição de aderência):

(Se2) Se P fosse verdadeiro, S acreditaria que P.

Segundo Nozick, sem a imposição da condição (Se2), a própria análise do conhecimento seria demasiado liberal, ou seja, obrigaria a atribuir conhecimento a sujeitos que intuitivamente não o têm. Considere-se o seguinte exemplo proposto por Gilbert Harman (1973). Um líder político é assassinado, e o repórter de um jornal consegue avisar a sua redação, de maneira que a primeira edição daquele jornal dê corretamente a notícia do homicídio. Jill lê a notícia no jornal e forma a crença verdadeira de que o líder político foi assassinado. Todavia, as edições sucessivas dos jornais nacionais e as televisões empenham-se numa campanha mistificadora maciça, difundindo a falsa notícia de que o atentado ao líder político não teve êxito. A campanha é de tal forma bem arquitetada que toda a gente muda de ideias e crê que o ditador não foi assassinado. Todos menos a Jill, que, por uma incrível série de coincidências, não viu as novas edições dos jornais, não viu televisão e não teve a oportunidade de falar com ninguém que os tivesse lido ou sabido pela televisão. Embora a Jill tenha uma crença verdadeira, é intuitivo que não saiba que o líder político foi assassinado. A conceção de Nozick é capaz de explicar porquê. Ainda que a crença da Jill satisfaça (Se), não satisfaz (Se2): o mundo possível (não atual) mais semelhante ao mundo atual no qual o líder político continua a ser assassinado não é, ao contrário do mundo atual, um mundo em que a Jill consegue milagrosamente escapar à campanha mistificadora, e é portanto um mundo em que a Jill aceita a versão oficial e crê que o líder escapou ao atentado.

A solução de Nozick — em particular a condição (Se) — explica por que razão Smith, nos exemplos de Gettier, não tem conhecimento. Em ambos os casos, as suas crenças, ainda que verdadeiras, não são sensíveis: Smith tê-las-ia formado mesmo que fossem falsas. Mesmo que não tivesse dez moedas no bolso, para nos limitarmos ao primeiro exemplo de Gettier, Smith formaria a crença falsa de que o homem destinado a ficar com o posto de trabalho tinha dez moedas no bolso, porque teria continuado a crer que o homem destinado a ficar com o posto de trabalho era Jones. Como nota Duncan Pritchard (2008), a condição de sensibilidade elaborada por Nozick oferece mais uma vantagem. Um caso muito discutido pelos epistemólogos contemporâneos é aquele em que S, depois de ter comprado uma cautela em que sabe que compete com mais 999 999 cautelas, forma a crença (que podemos imaginar verdadeira) de não ter ganhado o primeiro prémio antes de o resultado da lotaria ser tornado público. Por mais que muitos estejam dispostos a admitir que a razão pela qual S crê não ter ganho — a consideração segundo a qual a sua cautela tem a probabilidade de 1 em 1 milhão de sair — é extremamente fiável, é quase unânime a intuição segundo a qual S, antes de o resultado da lotaria ser tornado público, não *sabe* que não ganhou. A conceção de Nozick, neste caso, dá o justo resultado, porque a crença de S de não ter ganho não satisfaz (Se). O mundo possível (não atual) mais semelhante ao mundo atual no qual S ganhou é um mundo possível no qual S continua a fiar-se nas considerações probabilísticas e, portanto, é um mundo no qual S continua a crer que não ganhou.

Resumindo: a proposta de Nozick é capaz de explicar por que razão não se dá conhecimento quer nos casos de Gettier quer no exemplo da terra dos celeiros. Para além disso, explica por que razão, no caso de uma lotaria, um sujeito, embora tendo ótimas razões para pensar que não ganhou, não consiga saber que não ganhou. Apesar disso, Nozick reconhece explicitamente que (Se) e (Se2), tal como foram introduzidas, precisam ainda de ser aperfeiçoadas. Considere-se o seguinte exemplo. Uma avó tem a capacidade de perceber com um olhar simples e rápido se o neto está bem. Se a avó estivesse doente, contudo, não teria a oportunidade de exercer esta capacidade. Nesse caso, o neto ficaria em casa dos pais, e os pais, para não a preocuparem, dir-lhe-iam que o neto está bem. A avó sabe, intuitivamente, que o neto está bem, pois chegou a esta conclusão exercendo a sua extraordinária capacidade de diagnóstico Mas a crença da avó não satisfaz (Se): o mundo possível (não atual) mais semelhante ao mundo atual em que o neto se sente mal é um mundo em que os pais do menino dizem à avó que o neto está bem e, portanto, é um mundo em que a avó continua a crer, enganando-se, que o menino está bem.

Para Nozick, a solução é reformular (Se), requerendo explicitamente que nos mundos possíveis em que P é falso S não creia P com base no mesmo método. Por outras palavras, se S no mundo atual forma a crença verdadeira de que P com base no método M, tal crença é sensível se, e somente se,

(Se*) Se P fosse falsa e S adotasse M, S não acreditaria que P.

Assim reformulada, a condição de sensibilidade é satisfeita pela crença da avó. Porque, se o neto estivesse mal e a avó tivesse a oportunidade de lhe lançar um simples e rápido olhar, a avó não pensaria que estava bem.

A teoria do conhecimento elaborada por Nozick, formulada de maneira completa é, portanto, a seguinte:

C_7 S sabe que P se, e somente se, (I) S crê que P com base num método M, (II) P é verdadeira, (III) se P fosse falsa e adotasse M, S não creria que

P, (IV) se P fosse verdadeira e S adotasse M, S creria que P.

Embora a teoria de Nozick tenha muitas vantagens, são poucos os filósofos que atualmente a aceitariam. Grande parte da responsabilidade deste escasso favor deve ser atribuída a Keith DeRose. DeRose (1995, pp. 27–29) demonstrou que a conceção de Nozick dá origem a consequências intuitivamente inaceitáveis; consequências que, com expressão acertadíssima, DeRose definiu como «conjunções abomináveis». Para perceber do que se trata, retomemos a hipótese, descrita no ponto 2.3.2, de sermos vítimas da Matrix. No cenário descrito por esta hipótese, recordemo-lo, o nosso corpo é conservado imóvel num recipiente cheio de líquido nutriente, e o nosso cérebro é estimulado de maneira a produzir a ilusão constante e ininterrupta de uma vida normal. Agora, assumamos que a hipótese é falsa, ou seja, assumamos que não somos vítimas da Matrix e questionemo-nos sobre o que isso implica à luz da teoria de Nozick. Se não somos vítimas da Matrix, à luz desta teoria resulta que se podem saber muitas coisas sobre aquilo que nos rodeia. Neste momento, por exemplo, o leitor sabe que está a ler este livro. A sua crença de o estar a fazer é verdadeira e sensível: se não estivesse a ler este livro — se, por exemplo, estivesse a jogar xadrez ou a ver televisão —, não pensaria que estava a ler um livro. Há coisas, porém, que, segundo a teoria de Nozick, não se podem conhecer nem quando, como na situação que estamos a assumir como verdadeira, não somos vítimas da Matrix. Suponhamos, com efeito, que não somos vítimas da Matrix. Ao prestar atenção ao facto de estar a ler um livro, o leitor convence-se, com razão, de que não é vítima da Matrix. A sua crença, neste caso, é verdadeira, mas não é sensível. Se aquilo que crê veridicamente fosse falso — isto é, se fosse vítima da Matrix —, teria a experiência ilusória de estar a ler um livro, e com base nesta experiência o leitor continuaria a crer que não é vítima da Matrix. Juntando as duas coisas, obtém-se uma conjunção abominável. Ainda que saiba que está a ler um livro e que saiba que ao ler um livro não é vítima da Matrix, o leitor não sabe que não é vítima da Matrix. Ou, pelo menos, é isto que tem de concluir se aceitar a teoria de Nozick.

Que a teoria de Nozick permita derivar inúmeras conjunções abomináveis, análogas à que acabámos de examinar, não é, na verdade, uma característica acidental ou inesperada. De facto, foi Nozick o primeiro a fazê-lo notar, e fê-lo porque considerava que esta característica era um mérito e não um defeito, da sua conceção. Segundo Nozick era um mérito porque, como veremos melhor no quinto capítulo, a sua teoria permitia dar uma resposta muito eficaz ao ceticismo.

A maior parte dos epistemólogos contemporâneos, embora reconheça as virtudes anticéticas da teoria de Nozick, considera que o facto de ela implicar conjunções abomináveis é um preço demasiado elevado a pagar para dar resposta ao cético (naturalmente, tal não significa que a maior parte dos epistemólogos renuncia a dar resposta ao cético; limita-se a preferir estratégias menos dispendiosas). Para perceber porquê, é necessário ter em consideração um novo princípio, chamado princípio do *fechamento do conhecimento*. Este princípio é um parente chegado dos princípios do fechamento da justificação proposicional e doxástica de que nos ocupámos no fim do capítulo anterior. O princípio relativo ao conhecimento diz o seguinte:

(CK) Se S sabe que P, e S deduz de maneira competente Q de P, necessariamente S sabe que Q.

Se é verdade, como parece resultar da teoria de Nozick, que o leitor não consegue saber que é vítima da Matrix nem mesmo se sabe que está a ler um livro, o princípio CK é falsificado. Porque este princípio implica que, se o leitor sabe que está a ler um livro, e deduz de maneira competente a conclusão de que não é vítima da Matrix, não pode deixar de *saber* que não é vítima da Matrix. Por esta razão, também a conceção de Nozick foi abandonada por grande parte dos epistemólogos.

Um segundo problema da teoria de Nozick foi identificado por Ernest Sosa (2000). Sosa apresentou um caso que decorre num condomínio de luxo. Um dos condóminos acaba de atirar um saco do lixo por uma conduta através da qual o saco desliza até ao caixote do lixo do condomínio. Passados poucos segundos, a pessoa em questão, segura da sua experiência, convence-se do facto de que o saco chegou ao seu destino. Com efeito, não se engana e, portanto, intuitivamente, sabe que o saco, agora, se encontra no caixote. Mas a crença do sujeito não é sensível. Se o saco do lixo não tivesse chegado ao seu destino — se, por exemplo, tivesse ficado bloqueado num afunilamento da conduta —, o sujeito creria igualmente, como é hábito, que o saco havia chegado ao seu destino.

Pelas razões que acabamos de apresentar, são poucos os epistemólogos que olham favoravelmente para o programa, iniciado por Nozick, de analisar o conhecimento nos termos de C_7. O ponto 4.5 é dedicado a descrever, nas suas linhas gerais, uma série de abordagens alternativas ao conhecimento, baseadas noutra condição modal — a da segurança —, e, em particular, a apresentar a epistemologia antissorte de Pritchard.

4.5. A abordagem baseada na condição de segurança

A grande maioria dos epistemólogos contemporâneos não abandonou a ideia que está na base do projeto de Nozick, segundo a qual as crenças verdadeiras de um sujeito S, para não serem acidentais num qualquer sentido que as torne defeituosas no plano epistemológico, devem exibir uma relação modal correta com a verdade. As duas condições de Nozick, como vimos, são satisfeitas quando o sujeito S tem uma crença verdadeira que não formaria se a proposição crida fosse falsa e que continuaria a formar se a proposição fosse verdadeira. Mais recentemente, a literatura contemporânea concentrou-se numa nova condição de natureza modal, chamada condição de segurança (*safety*). Neste ponto, vamos concentrar-nos na chamada epistemologia antissorte elaborada e defendida nos últimos quinze anos por Pritchard (2005; 2007; 2009; 2015) e no modo como tal abordagem oferece uma motivação natural à imposição da condição de segurança. Todavia, a abordagem de Pritchard deve ser vista como representativa de uma mais ampla tendência da epistemologia contemporânea (cf., por exemplo, Williamson, 2000; Sosa, 1999; e, para uma visão de conjunto aprofundada, Rabinowitz, 2011).

A ideia de base da abordagem de Pritchard é a chamada tese da incompatibilidade, ou seja, a «intuição, aparentemente universal, de que o *conhecimento exclui a sorte* ou, por outras palavras, a intuição de que a *sorte epistémica* que por vezes nos permite formar crenças verdadeiras [...] é incompatível com o conhecimento» (Pritchard, 2005, 1). Segundo a caracterização modal da noção de sorte elaborada por Pritchard, um acontecimento E deve-se à (boa ou má) sorte — é (in)fortunado — quando E é um acontecimento do mundo atual que, para o bem e para o mal, é significativo para um determinado agente, e, na maior parte dos mundos possíveis semelhantes ao mundo atual em que ocorrem as mesmas condições iniciais daquele acontecimento, o acontecimento não se produz. O acontecimento afortunado por excelência é ganhar na lotaria. Imaginemos que este acontecimento se produz no mundo atual. O acontecimento é afortunado à luz da análise de Pritchard, porque, na maior parte dos mundos possíveis próximos do mundo atual em que se realizam as condições iniciais deste acontecimento — isto é, nos mundos em que se continua a comprar cautelas da lotaria, em que o mecanismo de extração funciona da mesma maneira, etc. —, contrariamente ao que acontece no mundo atual, o nosso número não é extraído. À luz desta caracterização da noção de sorte, podemos caracterizar nos seguintes termos a noção de sorte *epistémica*: a crença verdadeira de um sujeito deve-se à sorte epistémica quando tal crença é falsa na maior parte dos mundos possíveis semelhantes ao mundo atual em que as condições iniciais para a formação de tal crença são as mesmas. Isto é, quando a crença é verdadeira no mundo atual, mas é falsa na maior parte dos mundos possíveis nos quais o sujeito a forma adotando o mesmo método. Talvez dois exemplos possam ajudar. O primeiro exemplo é de uma crença verdadeira que não é epistemicamente afortunada. A Rebecca abre o frigorífico e, para seu alívio, dá-se conta do facto de que ainda há cerveja. A crença da Rebecca, de que há cerveja no frigorífico, não é epistemicamente afortunada. Na maior parte dos mundos semelhantes ao mundo atual em que lhe parece ver que há cerveja no frigorífico, a Rebecca não se engana. A crença do Henrique de estar a olhar para um verdadeiro celeiro é, ao invés, epistemicamente afortunada. Na maior parte dos mundos possíveis semelhantes ao mundo em que adota o mesmo método de formação de crenças, o Henrique olha para um falso celeiro e forma a crença falsa de estar a olhar para um verdadeiro celeiro.

É importante fazer a distinção entre o tipo de sorte epistémica exemplificada pelo caso do Henrique, que é epistemologicamente danosa, e outro tipo de sorte, epistemologicamente mais inócua, que facilmente poderia ser confundida com a primeira (Engel, 1992). O Henrique é epistemicamente afortunado porque, dado o modo como formou a crença de ter à sua frente um celeiro, é um golpe de sorte que a sua crença seja verdadeira. Esta é a chamada sorte verídica. Mas um sujeito pode ser epistemicamente afortunado também noutro sentido, ou seja, quando é muito afortunado pelo facto de estar na posse de evidência E, muito difícil de encontrar. Neste caso, se não é um golpe de sorte que a crença do sujeito é verdadeira, dado que se baseia em E, a crença não é epistemicamente afortunada no sentido verídico, mas apenas no sentido evidencial. Também neste caso um exemplo pode ajudar-nos. Um turista encontra numa praia uma garrafa que contém o mapa de um tesouro. Ficar na posse do mapa autêntico de um tesouro é um acontecimento muito afortunado. Mas não é um golpe de sorte se, baseado no mapa, o turista forma uma crença verdadeira sobre o local onde se encontra o tesouro.

A análise de Pritchard da sorte verídica está na base da sua versão da condição de segurança. Se uma crença verdadeira afortunada não é conhecimento, a condição que uma crença verdadeira deve satisfazer, para ser conhecimento, deve garantir que a crença não seja epistemicamente afortunada. Para Pritchard, isto significa que tal condição deve impedir que a crença seja falsa na maior parte dos mundos possíveis semelhantes ao mundo atual em que o sujeito forma a crença do mesmo modo. O que nos leva a uma formulação preliminar da condição de segurança:

(Si) A crença de S de que P é segura se, e somente se, é verdadeira e continua a ser verdadeira na maior parte dos mundos possíveis semelhantes ao mundo atual em que S forma a crença do mesmo modo.

Crenças como as da Rebecca e do Henrique podem encorajar a impressão que a condição (Si) é equivalente à condição (Se) que analisámos no ponto 4.4. A crença da Rebecca, de facto, é segura, e é também sensível: se não houvesse cerveja, ao olhar para dentro do frigorífico não teria pensado que havia. Por outro lado, a crença do Henrique é insegura e insensível: se estivesse perante um falso celeiro, teria pensado que era um celeiro verdadeiro. A condição (Si) não é, todavia, equivalente à condição (Se), pois existem crenças seguras que não são sensíveis.

Uma crença satisfaz (Si) se continua a ser verdadeira na maior parte dos mundos possíveis suficientemente semelhantes ao mundo atual em que S a forma do mesmo modo. Tal pode ocorrer mesmo que os mundos possíveis mais semelhantes ao mundo atual em que a crença é falsa sejam mundos em que o sujeito a forma na mesma, porque tais mundos podem ser suficientemente dissemelhantes do mundo atual ao ponto de serem irrelevantes relativamente à satisfação de (Si). Para compreender como tal acontece, consideremos a crença de não sermos vítimas da Matrix. Se esta crença é verdadeira, o espaço modal que rodeia o mundo atual é tal que garante a satisfação da condição (Si), mas não da condição (Se). Os mundos possíveis mais semelhantes ao mundo em que S forma a crença verdadeira de não ser uma vítima da Matrix são mundos em que S continua a não ser uma vítima da Matrix. Portanto, a crença atual satisfaz (Si). Mas os mundos possíveis mais semelhantes ao mundo atual em que a crença é falsa — os mundos em que S é vítima da Matrix — são mundos em que S continua a crer não o ser, porque são mundos em que S continua a estar submetido à ilusão de estar rodeado por uma realidade material. Portanto, a crença não satisfaz (Se). Esta diferença entre as duas condições é muito importante. Defender que a condição de segurança é uma condição necessária do conhecimento, ao contrário do que acontece com a condição de sensibilidade, não obriga, de facto, a aceitar conjunções abomináveis.

Suponhamos, mais uma vez, que não somos vítimas da Matrix. Neste caso, sabemos que estamos a ler este livro, porque a nossa crença a propósito é segura: em todos ou na maior parte dos mundos possíveis em que nos convencemos de que estamos a ler este livro no mesmo modo, isto é, baseando-nos no facto de nos parecer que estamos a ler um livro, não nos enganamos. Ao mesmo tempo, se deduzimos de maneira competente a crença de não sermos vítimas da Matrix partindo da premissa de estarmos a ler um livro, podemos também saber que não somos vítimas da Matrix. Como acabámos de ver, com efeito, se não somos vítimas da Matrix, a crença de não sermos vítimas da Matrix é segura, isto é, satisfaz (Si).

A tese de que uma crença deve ser segura no sentido codificado por (Si) é suficiente para explicar por que motivo nos casos problemáticos que considerámos até agora não ocorre conhecimento. Para começar, a condição (Si) não é satisfeita nos exemplos de Gettier. Smith, para nos limitarmos ao primeiro caso, crê que o homem que ficará com o posto de trabalho tem dez moedas no bolso e não se engana; mas há muitos mundos possíveis semelhantes ao mundo de Smith em que forma a crença do mesmo modo, ou seja, inferindo-a da falsa premissa de que é Jones que vai ficar com o posto de trabalho, e acaba por se enganar. Isto, por exemplo, acontece nos mundos, muito semelhantes ao seu, em que Smith continua a ficar com o trabalho, mas tem um número ligeiramente diferente de moedas no bolso. Já vimos que a condição (Si) não é satisfeita no caso da terra dos celeiros, e isso explica a intuição de que Henrique não sabe que está a olhar para um celeiro verdadeiro. A condição (Si) dá o justo resultado também no exemplo do saco do lixo, que, como nos recordamos, é utilizado por Sosa para fazer uma objeção à abordagem baseada na condição de sensibilidade. O protagonista daquele exemplo atira o saco do lixo pela conduta que leva ao caixote do lixo do condomínio, e poucos segundos depois forma a crença verdadeira de que o saco do lixo chegou ao seu destino. Intuitivamente, o sujeito em questão sabe que o saco do lixo chegou ao destino, mas a abordagem baseada na condição de sensibilidade diz o contrário (cf. ponto 4.4). A abordagem baseada na condição (Si) não tem este inconveniente. Mesmo que existam mundos possíveis semelhantes ao mundo atual em que o sujeito se convence de que o saco do lixo chegou ao seu destino e o saco, de facto, ficou bloqueado na conduta, na maior parte dos mundos possíveis semelhantes ao mundo atual em que o sujeito forma a crença o saco do lixo não fica bloqueado, e a crença é verdadeira.

Um problema da condição (Si) de que Pritchard tem consciência é que dá o resultado errado num caso em que a condição de sensibilidade dá o resultado certo, ou seja, no exemplo da lotaria. Nesse exemplo, um sujeito, verificada a baixíssima probabilidade de ter ganho na lotaria (uma num milhão), convence-se de não ter ganho. O sujeito tem razão porque, sem saber, entretanto, a extração já ocorreu, e o seu número não saiu. Apesar de tudo, como nos recordamos, há muitos que partilham da opinião de que o sujeito, ainda que tenha sólidas razões para crer, não sabe que não ganhou a lotaria. A abordagem baseada na condição de sensibilidade, como já vimos, consegue dar conta desta intuição. Se, de facto, a crença fosse falsa, baseando-se nas mesmas considerações probabilistas, o sujeito continuaria a crer que não tinha ganho.

A condição (Si) não é, ao invés, capaz de dar conta da intuição segundo a qual o sujeito, no exemplo da lotaria, não sabe que não ganhou. Tal condição é, de facto, satisfeita: mesmo que exista pelo menos um mundo possível em que, baseando-se em razões probabilistas, o sujeito crê não ter ganho, mas engana-se: na maior parte dos mundos possíveis em que o sujeito forma a crença do mesmo modo, continua a ter razão. O teorizador da abordagem baseada na condição de segurança poderia tentar resolver este problema tornando a condição (Si) mais exigente. Poderia, em particular, requerer que a crença do sujeito S continue a ser verdadeira em *todos* os mundos possíveis em que o sujeito a forma do mesmo modo, e não apenas na *maior parte* de tais mundos. À luz desta condição, muito mais exigente, o sujeito do caso da lotaria não sabe que ganhou, porque existe pelo menos um mundo semelhante ao mundo atual, aquele em que o sujeito ganha, no qual, baseando-se no mesmo método, forma uma crença falsa. Como observou John Greco (2007b, pp. 300–301), deste modo, porém, Pritchard resolveria um problema com o custo de criar outro. A formulação mais exigente da condição de segurança implica de facto afirmar que o sujeito no exemplo de Sosa não sabe que o saco do lixo chegou ao destino, porque existem mundos possíveis semelhantes ao mundo atual em que o saco do lixo fica bloqueado, mas o sujeito continua convencido de que chegou ao destino.

Para Pritchard (2008), para sair do impasse descrito por Greco, é necessário refletir sobre o facto de que os acontecimentos podem ser mais ou menos afortunados. Se um acontecimento é afortunado quando tende a não se produzir nos mundos possíveis semelhantes ao mundo atual em que se verificaram as mesmas condições iniciais, o grau de sorte de um acontecimento pode ser quantificado medindo a distância que intercorre entre o mundo atual, em que o acontecimento se produz, e os mundos possíveis mais semelhantes, em que, embora se verifiquem as condições iniciais, o acontecimento não se produz. Quanto maior for a distância entre estes mundos, menor será o grau de sorte; quanto menor for a distância, maior será o grau de sorte. Simplificando um pouco, podemos dizer que Pitchard utiliza a «métrica» acabada de introduzir para definir o que significa para um sujeito ser afortunadíssimo ao formar uma crença verdadeira, e o que significa ser apenas um pouco afortunado. Para Pritchard, uma crença verdadeira não é conhecimento se for afortunadíssima, mas pode ser conhecimento se for apenas um pouco afortunada. Esta sugestão, dada a métrica que acabámos de considerar, traduz-se na seguinte definição:

(Si^{+}) A crença de S de que P é segura se, e somente se, é verdadeira e continua a ser verdadeira em todos os mundos possíveis muito semelhantes ao mundo atual, em que é formada do mesmo modo, e permanece verdadeira na maior parte dos mundos possíveis (somente) semelhantes ao mundo atual, em que é formada do mesmo modo.

Isto motiva a seguinte revisão de C8:

C_8 S sabe que P se, e somente se, (I) S crê que P com base num método M, (II) P é verdadeira,

(III) a crença que P continua a ser verdadeira em todos os mundos possíveis muito semelhantes ao mundo atual, em que S forma a crença com base em M, e na maior parte dos mundos possíveis (somente) semelhantes ao mundo atual, em que S forma a crença com base em M.

Para Pritchard, a nova condição C_8 é capaz de dar conta em simultâneo da intuição segundo a qual o sujeito não tem conhecimento no caso da lotaria e daquela segundo a qual o sujeito tem conhecimento no caso do saco do lixo criado por Sosa. O mundo possível em que o sujeito ganha a lotaria é muito semelhante ao mundo em que o sujeito não ganha. A única diferença consiste no facto de que num mundo é extraída uma bola no lugar da outra. O mundo em que o saco do lixo fica bloqueado e o sujeito crê que chegou ao destino, ao invés, é suficientemente distante do mundo em que o saco não fica bloqueado de maneira a permitir ao sujeito saber que chegou ao destino no mundo atual.

O debate em torno da condição de segurança concentra-se, atualmente, na discussão de alguns contraexemplos, casos em que o sujeito tem intuitivamente conhecimento, mas em que poderia facilmente enganar-se e, portanto, tem uma crença verdadeira mas insegura (Comesaña, 2005; Bogardus, 2012). No contraexemplo criado por Bogardus, ao qual nos devemos limitar neste livro por razões de espaço, Smith forma a crença de que são 8h22 min ao olhar para um relógio atómico, que é o relógio mais preciso do mundo. Contudo, sem que ninguém soubesse, uma nave alienígena depositou durante a noite uma certa quantidade de um isótopo radioativo em torno do relógio. A probabilidade de, de um momento para o outro, o isótopo decair é altíssima. Se tal acontecesse, o relógio atómico bloquearia. Mas, contra todas as probabilidades, às 8h22 min o isótopo ainda não decaiu e, portanto, quando Smith chega ao escritório e vê as horas, o relógio ainda funciona na perfeição. É fortemente intuitivo que Smith, deste modo, fique a saber que são 8h22 min, mas os mundos possíveis nos quais, olhando para o relógio, forma uma crença falsa, porque o isótopo decaiu e o relógio bloqueou, são muito semelhantes ao mundo atual. Por outras palavras, a crença de Smith parece ser insegura. Se o é, a análise de Pritchard fica em perigo, porque isso quereria dizer que há casos em que tal análise não é satisfeita, mas em que, apesar disso, se dá conhecimento. Uma réplica possível é fazer notar que, nas situações alternativas em que se encontra a olhar para um relógio avariado e, portanto, forma uma crença falsa, Smith adota um método para estabelecer que horas são que é diferente do método adotado no mundo atual (cf., para uma estratégia deste tipo, Broncano-Berrocal, 2014). Se assim fosse, a ameaça para a análise de Pritchard seria desativada, porque a crença de Smith é insegura somente se a crença for falsa na maior parte das situações alternativas em que a crença é formada com base no mesmo método.

Contraexemplos como o de Tomas Bogardus e Juan Comesaña não são a única frente de debate em torno da condição de segurança. Estes contraexemplos põem em discussão a ideia de que, para saber que P, é necessário ter formado a crença verdadeira de que P de maneira segura. Aquilo que tais exemplos pretendem mostrar, por outras palavras, é que a condição de segurança não é uma condição necessária para o conhecimento. Mas uma questão independente em que o debate se concentrou é também a de saber se basta a uma crença verdadeira ser segura para ser conhecimento. O próprio Pritchard (2012a, pp. 260 e 263) apresentou recentemente razões para pensar que a satisfação da condição de segurança não é suficiente, enquanto tal, para garantir que uma crença seja conhecimento. Num dos casos propostos por Pritchard, um indivíduo chamado Temp forma as suas crenças relativas à temperatura no quarto consultando um termómetro. O Temp não tem motivos para pensar que o termómetro está avariado, e, de facto, todas as crenças que forma consultando o termómetro são verdadeiras. Mas o termómetro está avariado e indica temperaturas ao acaso. O facto de Temp, apesar disso, nunca se enganar deve-se à presença de um controlador oculto que manipula o termóstato, fazendo que a temperatura do quarto corresponda à temperatura do termómetro sempre que Temp o consulta. Na situação imaginada por Pritchard, as crenças do Temp são seguras: o mecanismo do controlador oculto garante que as crenças de Temp estão corretas. Portanto, enquanto este mecanismo estiver assegurado, é muito difícil (é impossível) que Temp se engane relativamente à temperatura. Todavia, afirma compreensivelmente Pritchard, há qualquer coisa no modo como Temp forma as suas crenças em relação à temperatura que as impede de serem conhecimento. O problema é que tais crenças não parecem exibir a correta «direção de adequação» (*ivi*, p. 260). Isto é, não são verdadeiras por serem produzidas pelo exercício de habilidades cognitivas que lhes garante a adequação à realidade; ao invés, são verdadeiras porque é a realidade, oportunamente manipulada pelo controlador oculto, que se adequa cada vez a tais crenças.

A ideia de que o conhecimento requer crenças verdadeiras resultantes do exercício de habilidades cognitivas, ilustrada eficazmente pelo caso de Temp, ganhou relevo progressivo na epistemologia contemporânea. Em particular, a insistência sobre este aspeto é comum a uma série de abordagens ao conhecimento normalmente identificadas como epistemologias das virtudes. O ponto 4.6 é, precisamente, dedicado àquilo que unifica tais abordagens, às suas diferenças específicas e à relação que estabelecem com as abordagens baseadas na condição de segurança.

4.6. Epistemologia das virtudes

Grande parte da literatura posterior à publicação do ensaio de Gettier, vimo-lo no decurso deste capítulo, concentrou-se na questão de saber que condição, se não a de ser justificada epistemicamente, pode garantir que a crença de um sujeito não é verdadeira de modo demasiado acidental para ser conhecimento. Neste ponto vamos falar de uma resposta a essa pergunta que ganhou relevo progressivo na literatura contemporânea. Embora os seus detalhes tenham sido especificados de muitas maneiras diferentes, nos seus termos gerais a resposta em causa pode ser formulada como se segue:

EV S sabe que P se, e somente se, crê que P, P é verdadeira, e S tem a crença de que P graças ao exercício das suas virtudes intelectuais.

Os epistemólogos que subscrevem este princípio geral são chamados epistemólogos das virtudes (cf. por exemplo, Sosa, 1991; 2007; 2011; Zagzebski, 1996; Greco, 2002; 2003; Pritchard, 2012a). Estes epistemólogos têm em comum o pensamento de que os portadores primários do valor (ou do desvalor) epistémico são os agentes epistémicos. Por outras palavras, têm em comum a ideia de que são as propriedades normativas dos agentes epistémicos que determinam o estatuto epistémico das suas crenças (Zagzebski, 1996, pp. 15–16). Nisto, os epistemólogos das virtudes opõem-se à ortodoxia, segundo a qual é a qualidade epistémica de um sujeito que depende da qualidade epistémica das suas crenças, e não vice-versa. Apesar deste aspeto em comum, os epistemólogos das virtudes estão divididos consoante a resposta que dão a três questões fundamentais que um princípio como EV deixa em aberto.

A primeira questão diz respeito à natureza das virtudes intelectuais mencionadas por EV. A segunda questão, estritamente ligada à primeira, diz respeito ao que significa dizer que S tem uma determinada crença verdadeira graças ao exercício das suas virtudes intelectuais. A terceira questão, por fim, tem a ver com a relação que intercorre entre a condição, posta por EV, de que S tem uma crença verdadeira graças ao exercício das suas virtudes intelectuais e a condição, de que nos ocupámos extensivamente no ponto 4.5, de que S tem uma crença segura.

Comecemos por analisar a questão relativa à natureza das virtudes. Em geral, os epistemólogos concordam em pensar que uma virtude é um certo traço ou uma certa excelência intelectual de um sujeito (Baehr, 2011, p. 13). O desacordo começa quando se consideram caracterizações mais precisas sobre os traços ou as excelências intelectuais relevantes. Quando nos questionamos, por outras palavras, que tipo de pessoa, intelectualmente falando, se deve ser para ter conhecimento (Greco, 2000, p. 181). Segundo muitos filósofos, o modelo clássico é representado pelas virtudes intelectuais de Aristóteles. Para Aristóteles, as virtudes intelectuais (as virtudes dianoéticas) são funções ou poderes cognitivos do sujeito. Aristóteles identifica, em particular, cinco virtudes deste tipo: arte, ciência, sabedoria, sapiência e intelecto. Para os filósofos contemporâneos que recuperaram a conceção aristotélica das virtudes dianoéticas, as virtudes intelectuais devem identificar-se, ao invés, com as faculdades ou capacidades cognitivas (Sosa, mais recentemente, chamou-lhes competências) que num determinado ambiente são funcionais à aquisição de crenças verdadeiras em torno de um determinado tema. No mundo atual, são virtudes intelectuais, no sentido acabado de referir: a perceção (funcional à aquisição de crenças verdadeiras sobre o mundo que nos rodeia), a memória (funcional à aquisição de crenças verdadeiras sobre o passado), a introspeção (funcional à aquisição de crenças verdadeiras sobre a própria vida mental), o raciocínio (funcional à aquisição de crenças através da inferência), etc. Esta posição sobre a natureza das virtudes intelectuais, conhecida como fiabilismo da virtude, é partilhada por filósofos como Sosa (1991; 2007; 2011) e Greco (2002; 2003; 2008; 2010). Escreve, por exemplo, Greco (2002, p. 287) que as virtudes são «faculdades inatas ou competências adquiridas que, num determinado âmbito, permitem que um sujeito alcance a verdade e evite o erro». Aos fiabilistas da virtude contrapõem-se os chamados responsabilistas da virtude, os quais, como Lorraine Code (1984; 1987) e Linda Zagzabski (1996), afirmam que as virtudes intelectuais são excelências adquiridas pelo caráter de uma pessoa, tais como a curiosidade, a abertura mental, a coragem intelectual, a probidade, a humildade, etc. Também neste caso, o modelo do que é uma virtude vem de Aristóteles, mas não do modo como este caracteriza as virtudes dianoéticas, isto é, como funções ou poderes cognitivos, mas do modo como caracteriza as virtudes éticas, ou seja, como traços de caráter constituídos por uma componente motivacional e por outra ligada ao sucesso. Para ter uma virtude intelectual, na perspetiva desenvolvida por Zagzebski, é preciso em particular estarmos dispostos a ter emoções específicas que nos motivam a perseguir determinados fins epistémicos (tipicamente a verdade e o conhecimento) e ser fiáveis em atingir tais fins. Por exemplo, para Zagzebski, a virtude da abertura mental consiste na disposição emocional a ter em consideração as opiniões dos outros, mesmo quando conflituam com as nossas, e na capacidade de o fazer de maneira fiável. As virtudes intelectuais dos responsabilistas diferem das dos fiabilistas em três características salientes (Baehr, 2011, pp. 22–24). A primeira diferença é que para os responsabilistas as virtudes são sobretudo traços adquiridos: a imparcialidade, a honestidade, a humildade, a diligência, a flexibilidade, para nos limitarmos a alguns exemplos, são traços que se aprendem com a educação e são cultivados com o exercício. As virtudes dos fiabilistas, ao invés, são sobretudo traços congénitos: nasce-se com a capacidade de ver, de recordar, de executar inferências de base, assim como se nasce com a capacidade de respirar ou de digerir. Uma segunda diferença, ligada à primeira, é que o exercício das virtudes dos fiabilistas é mecânico e automático, enquanto o exercício das virtudes dos responsabilistas é executado, geralmente, com base numa escolha responsável. Basta-me abrir os olhos para exercer a minha capacidade de ver as coisas ao longe. Para fazer uma análise escrupulosa e intelectualmente honesta, devo, ao invés, esforçar-me ativamente. Por fim, uma terceira diferença é que a posse (ou a falta) das virtudes descritas pelo responsabilista parece dizer muito mais sobre o tipo de pessoa que se é do que a posse das virtudes descritas pelo fiabilista. Dizer de alguém que ama o conhecimento mais do que a riqueza ou a fama, e que quando enfrenta um problema tem em conta de maneira imparcial os dados, por exemplo, é dizer alguma coisa de positivo sobre aquela pessoa de um modo em que dizer da mesma pessoa que vê muitíssimo bem, ou que tem uma memória de elefante, não é dizer algo de positivo (ou negativo). As duas conceções sobre o que são as virtudes deram lugar a duas abordagens ao conhecimento distintas: na primeira abordagem, conhecer significa ter uma crença verdadeira graças ao exercício de uma faculdade ou competência cognitiva fiável; para a segunda abordagem, o conhecimento é uma crença verdadeira que resulta de um ato intelectualmente virtuoso, ou seja, aproximadamente, é uma crença apoiada pela componente motivacional de uma virtude intelectual. Todavia, em tempos recentes, parece ter-se afirmado uma tendência clara para reconhecer a importância, para o conhecimento, de ambos os tipos de virtude (cf., por exemplo, Bataly, 2015; Sosa, 2015).

Vamos agora à questão do que significa dizer que um sujeito tem uma crença verdadeira graças ao exercício de uma virtude intelectual. Para simplificarmos, estabelecemos uma convenção terminológica. Chamamos virtuosa a uma crença verdadeira se, e somente se, independentemente do que isso queira dizer em particular, um sujeito S formou tal crença graças ao exercício das suas virtudes intelectuais. Uma primeira e possível resposta à pergunta que estamos a considerar é a seguinte:

CV1 A crença de S de que P é virtuosa quando é produto do exercício das suas virtudes intelectuais.

Como é fácil de ver, esta primeira resposta é desadequada. O problema é que todos os casos de Gettier que examinámos até agora são casos em que, no sentido específico veiculado por CV1, o sujeito tem uma crença virtuosa. As epistemologias das virtudes que incorporam CV1 implicam, portanto, que se afirme, de maneira contraintuitiva, que as crenças verdadeiras dos protagonistas dos casos examinados por Gettier são conhecimento. Vejamos o primeiro exemplo de Gettier para esclarecermos este ponto. A crença de Smith de que a pessoa destinada a ficar com o posto de trabalho tem dez moedas no bolso é o produto do exercício das suas virtudes intelectuais: com efeito, Smith infere de modo válido tal conclusão, partindo das premissas mediante as quais adquiriu razões fiáveis. Apesar disto, Smith não sabe que o homem que vai ficar com o posto de trabalho tem dez moedas no bolso. Portanto, ter uma crença virtuosa, pelo menos no sentido acabado de examinar, não é suficiente para ter conhecimento.

Uma resposta melhor, defendida por exemplo por Greco (2003), é a seguinte:

CV2 A crença de S de que P é virtuosa quando o exercício das virtudes intelectuais de S é a explicação principal ou mais saliente da razão por que, formando tal crença, S formou uma crença verdadeira.

A diferença principal entre CV1 e CV2 é o seu *explanandum*. O primeiro princípio requer que as virtudes intelectuais do sujeito expliquem por que razão o sujeito formou uma determinada crença (que é verdadeira), enquanto o segundo princípio requer que as virtudes intelectuais do sujeito expliquem por que razão o sujeito formou uma crença verdadeira (cf. Turri, 2011, p. 3). O primeiro princípio, por outras palavras, requer que as virtudes intelectuais do sujeito expliquem um específico resultado doxástico, enquanto o segundo requer que expliquem um determinado sucesso cognitivo.

Um terceiro modo para explicar a noção de crença virtuosa é o seguinte (cf. Sosa, 2011; Turri, 2011):

CV3 A crença de S de que P é virtuosa quando o facto de S ter uma crença verdadeira manifesta as virtudes intelectuais de S.

A ideia intuitiva é a de que existe uma distinção substancial, amplamente operativa na linguagem comum, entre dois sentidos distintos em que pode dizer-se que qualquer coisa acontece graças a outra coisa qualquer. Lionel Messi marca muitos golos graças às suas capacidades futebolísticas. Também é verdade que Lionel Messi possui uma vivenda luxuosa graças às suas capacidades futebolísticas. Todavia, os golos do Messi manifestam as suas capacidades futebolísticas, a vivenda luxuosa não. A ideia, aplicada às crenças, é a de que uma crença, para ser conhecimento, deve ser verdadeira graças ao exercício das virtudes intelectuais do sujeito no primeiro sentido considerado, ou seja, manifestando tais virtudes.

A clara vantagem de CV2 e CV3 em relação a CV1 é que os casos propostos por Gettier não envolvem crenças virtuosas no sentido veiculado por tais condições. Como observa Greco (2003, p. 131), nos casos de Gettier «existe algo de estranho ou inesperado no modo como S chega a crer o verdadeiro [...] e os aspetos anormais são de tal forma salientes que comprometem a saliência que as capacidades cognitivas [as virtudes intelectuais] de S, ao invés, teriam». A explicação mais saliente da razão por que Smith tem uma crença verdadeira no primeiro caso de Gettier, por exemplo, não é o facto de Smith ter inferido de maneira válida partindo de premissas justificadas, mas o facto de, sem que ninguém o soubesse, o próprio Smith estar destinado a ficar com o posto de trabalho e a ter no bolso, também, dez moedas. Paralelamente, pode observar-se que a crença verdadeira de Smith não é manifestação das suas virtudes intelectuais. As epistemologias das virtudes que incorporam CV2 e CV3 estão, portanto, mais bem equipadas para lidarem com os casos de Gettier. Apesar disso, tais conceções também têm problemas.

O problema principal pode ser exposto sob a forma de dilema. A primeira premissa do dilema é representada pelo facto de as epistemologias das virtudes que incorporam CV2 e CV3 não parecerem ser capazes de dar conta de algumas intuições fundamentais com as quais já deparamos. Por exemplo, foi observado que não são capazes de explicar por que motivo o sujeito, no caso da lotaria, não sabe que não ganhou o prémio ou por que motivo Henrique, no caso da terra dos celeiros, não sabe que tem à sua frente um celeiro verdadeiro (cf., por exemplo, Pritchard, 2012a). No fim de contas, em ambos os casos, a explicação mais saliente da razão por que os protagonistas de tais casos têm crenças verdadeiras parece implicar o exercício das próprias virtudes intelectuais. O sujeito, no caso da lotaria, crê que não ganhou porque executou um raciocínio probabilístico impecável. E o Henrique, no caso da terra dos celeiros, crê estar perante um celeiro porque o exercício das suas capacidades percetivas pô-lo em contacto genuíno com um celeiro. Em ambos os casos, portanto, é difícil negar que o sucesso cognitivo dos sujeitos envolvidos deva ser atribuído ao contributo saliente das suas capacidades cognitivas (ou que manifeste tais capacidades no sentido proposto por Sosa e Turri). Quem propõe CV2 e CV3 pode sempre tentar «domesticar» a consequência, aparentemente contraintuitiva, segundo a qual os sujeitos em questão têm conhecimento. Sosa, por exemplo, distingue entre conhecimento animal — que é uma crença verdadeira que manifesta uma competência cognitiva do sujeito — e conhecimento reflexivo — que implica saber que se tem conhecimento animal — e aceita que Henrique saiba, pelo menos no primeiro sentido, que está perante um celeiro verdadeiro (Sosa, 2007, p. 31). O modo mais plausível de fugir da ameaça, querendo evitar admissões demasiado contraintuitivas, parece no entanto, para que seja virtuosa, consistir em reforçar CV2 e CV3. Em requerer, isto é, que o exercício das virtudes intelectuais do sujeito explique por que motivo S a formou de modo *mais saliente* do que acontece com a crença de não ter ganho na lotaria, no primeiro caso, ou com a crença de estar perante um celeiro verdadeiro. Paralelamente, quem propõe CV3 poderia tentar motivar a imposição de condições *mais* exigentes e afirmar, à luz das novas condições, que o sucesso cognitivo dos sujeitos nos casos da lotaria e da terra dos celeiros não manifesta suficientemente as suas virtudes intelectuais. Neste livro podemos desinteressar-nos de quão mais apertados devem ser os novos princípios. De todas as formas, suponhamos que os princípios CV2+ e CV3+ possuem as características indicadas para responderem à objeção que acabámos de expor.

A segunda premissa do dilema é representada pelo facto de as novas condições CV2+ e CV3+, na medida em que contribuem para resolver o problema levantado pelo caso da lotaria ou da terra dos celeiros, exacerbarem outro, que aparentemente só pode ser resolvido especificando condições CV2- e CV3-, menos apertadas do que CV2 e CV3. Esta segunda premissa do dilema pode ser ilustrada à luz de um exemplo de Jennifer Lackey (2017). Jenny, chegada à estação, pede indicações ao primeiro transeunte que encontra. O transeunte, que conhece bem a zona, responde-lhe, e Jenny, convencida daquilo que lhe foi dito, encaminha-se na direção indicada. Intuitivamente — afirma Lackey —, Jenny, agora, sabe para onde ir; isto é, adquiriu conhecimento sobre como chegar ao seu destino. Todavia, parece indubitável que tal só em parte se deve ao exercício das suas virtudes intelectuais, e que o seu sucesso cognitivo depende sobretudo do contributo do transeunte. Paralelamente, o sucesso cognitivo da Jenny manifesta as virtudes intelectuais do transeunte e só marginalmente as da Jenny. CV2 e CV3 e, *a fortiori*, CV2+ e CV3+ implicam, portanto, a consequência contraintuitiva de que a Jenny não sabe para onde ir. Porque ambos, e os segundos mais do que os primeiros, comprometem-se a afirmar que o sucesso cognitivo da Jenny não é devido ao exercício das suas virtudes intelectuais no sentido relevante. O único modo de atribuir conhecimento à Jenny consiste em baixar a fasquia e afirmar que o conhecimento tolera um envolvimento das virtudes intelectuais do sujeito menos saliente ou um grau de manifestação mais reduzido do que o requerido por CV2 e CV3 e, *a fortiori*, por CV2+ e CV3+. Deste modo, porém, parece voltar a impor-se a necessidade de atribuir conhecimento aos sujeitos no caso da lotaria e da terra dos celeiros.

A terceira questão acerca da qual os epistemólogos das virtudes estão divididos, em grande parte ligada à segunda, diz respeito à relação entre EV e a condição de segurança (Si). Já vimos, no final do ponto 4.5, que satisfazer (Si) não é suficiente em certos casos para ter conhecimento. As crenças de Temp sobre a temperatura, por exemplo, são seguras, mas não são devidas ao exercício das suas capacidades cognitivas. Ao invés, são verdadeiras graças a características do ambiente que garantem que a temperatura do quarto se conforma às crenças do Temp. Por outras palavras, são seguras, mas não podem ser atribuídas ao exercício das suas virtudes intelectuais, nem podem ser consideradas manifestação destas últimas. Portanto, à luz de CV2 e CV3, as crenças de Temp não são virtuosas e, portanto, não satisfazem qualquer versão de EV. A moral do exemplo de Temp deixa, todavia, em aberto a possibilidade de, ainda que não suficiente, a satisfação da condição (Si) ser necessária para a satisfação da condição EV. Por outras palavras, é compatível com a tese da implicação, segundo uma formulação (intencionalmente genérica), da qual:

T1 Se a crença de S de que P é virtuosa, então tal crença é segura.

Assumindo que a condição (Si) é pelo menos necessária para o conhecimento, quem aceita T1 está na posição de aceitar EV na sua versão bicondicional, ou seja:

EV S sabe que P se, e somente se, S crê que P, P é verdadeira e S tem a crença de que P graças ao exercício das suas virtudes intelectuais.

Quem recusa T1, mas continua a considerar que uma crença deve ser segura para ser conhecimento, pode no máximo aceitar a versão condicional de EV, segundo a qual:

EV- S sabe que P somente se S crê que P, P é verdadeira e S tem a crença de que P graças ao exercício das suas virtudes intelectuais.

Quem aceita EV defende uma epistemologia das virtudes *robusta,* enquanto quem aceita EV- contenta-se em defender uma epistemologia das virtudes *modesta.* Em grande parte, o debate entre os defensores destas duas versões da epistemologia das virtudes centra-se na discussão de casos análogos ao da terra dos celeiros, em que o que é debatido é a questão de saber se uma determinada crença insegura é ou não virtuosa. O seu protagonista, recordamo-lo bem, tem uma crença que não satisfaz (Si). Todavia, o facto de o sujeito ter formado uma crença verdadeira parece depender de maneira saliente do exercício das suas virtudes intelectuais, e manifestá-las. Portanto, há uma crença que parece satisfazer duas possíveis interpretações do lado direito de EV. Quem, como Pritchard (2012a), considera que as coisas sejam assim pensa que um caso como o da terra dos celeiros dá razões suficientes para recusar T1. Pritchard, coerentemente, considera que a única versão aceitável do princípio é EV- e propõe uma análise dual do conhecimento, segundo a qual uma crença verdadeira, para ser conhecimento, deve satisfazer duas condições separadas: a condição de segurança e a condição segundo a qual o sucesso cognitivo de um sujeito deve ser o produto das suas virtudes intelectuais.

Quem defende a versão robusta do princípio, isto é, EV, e considera que a condição de segurança é condição necessária do conhecimento esforça-se, ao invés, por argumentar que a crença do sujeito no caso da terra dos celeiros não depende de maneira suficientemente saliente das virtudes intelectuais do sujeito ou não manifesta suficientemente estas últimas. Já vimos que a estratégia de reforçar as condições CV2 e CV3 é potencialmente problemática. Uma alternativa possível, proposta por Greco (2003), consiste em afirmar que o sucesso cognitivo do protagonista do caso da terra dos celeiros não depende de maneira saliente do exercício das virtudes intelectuais do sujeito, porque o sujeito não possui tais virtudes. Um modo de afirmar esta conclusão consiste em propor uma forma de contextualismo relativamente às atribuições de capacidade. Esta ideia, como recordamos, está implícita no modo como Sosa e Greco caracterizam as virtudes intelectuais, ou seja, como capacidades cognitivas que *relativamente a um determinado ambiente* produzem fiavelmente crenças verdadeiras em torno de um qualquer tema. Esta caracterização do que é uma virtude intelectual é compatível com o facto de o mesmo sujeito possuir uma determinada virtude num determinado ambiente — como, por exemplo, a capacidade de reconhecer um verdadeiro celeiro numa área em que não existem falsos celeiros — e que não a possui noutros — por exemplo, na terra dos celeiros. Pritchard (2012a) replicou que as nossas atribuições de capacidade não dependem do contexto da forma descrita por Greco. Para Pritchard, quando atribuímos a um sujeito uma capacidade — por exemplo, a capacidade de tocar piano —, entendemos que, em circunstâncias normais, o sujeito é capaz de a exercitar fiavelmente; o facto de em circunstâncias anormais o sujeito não o conseguir — debaixo de água um pianista experiente não conseguiria tocar — não implica que naquelas circunstâncias seria falso que ele continue a possuir a capacidade relevante.

4.7. Knowledge first

As abordagens ao problema de Gettier que analisámos neste capítulo têm em comum a ideia de que o conhecimento é um conceito suscetível de ser analisado e diferem apenas no modo como propõem que se emende a análise tradicional veiculada pela conceção tripartida. Esta confiança difusa diminui com a publicação de um ensaio de Zagzebski (1994). O projeto de analisar o conhecimento que Zagzebski entende atacar é o de identificar uma terceira condição, independente da verdade, que garanta que uma crença verdadeira seja conhecimento. Os contraexemplos de Gettier, como vimos, mostram claramente que a justificação epistémica não pode ser esta condição. Zagzebski mostra como generalizar a mesma objeção a qualquer condição X que satisfaça o requisito de ser independente da verdade. A receita simples para gerar contraexemplos análogos aos de Gettier proposta por Zagzebksi consiste, em primeiro lugar, em criar casos em que uma crença é epistemicamente desafortunada: isto é, casos em que, apesar de a condição X estar satisfeita, a crença se revela falsa; em segundo lugar, em modificar o caso de partida, acrescentando uma componente de sorte epistémica que garanta que a crença, apesar de tudo, é verdadeira. Tomemos como exemplo a condição de ser o *output* de um processo fiável. A Maria vê muito bem e, olhando na direção da sala, vislumbra o perfil familiar do marido sentado no sofá e convence-se de que este está sentado na sala. A Maria cometeu um erro porque o perfil da pessoa sentada no sofá é do irmão do seu marido. Todavia, tem razão porque, ao lado do irmão, num recanto escondido da sala, o marido está sentado num segundo sofá. A crença da Maria é fiável e é verdadeira, mas intuitivamente não é conhecimento. Portanto, a condição X não coincide com ser o *output* de um processo fiável.

Os argumentos de Zagzebski, juntamente com as dificuldades que parecem afligir todas as propostas que se foram sucedendo no debate pós-Gettier, motivaram progressivamente a suspeita de que o conceito de conhecimento não é suscetível de ser analisado. A abordagem contemporânea ao conhecimento que mais leva a sério esta sugestão é a de Timothy Williamson (2000), denominada *knowledge first*. Segundo esta abordagem, o conhecimento é uma noção conceptualmente basilar. Isto não significa, para Williamson, que não se possa dizer nada de interessante sobre o conhecimento. Por exemplo, como já referimos, Williamson afirma que o conhecimento implica ter uma crença segura, isto é, uma crença que dificilmente seria falsa em circunstâncias análogas (*ivi*, p. 147). O ponto, para Williamson, é que o conceito de conhecimento é inanalisável. As outras noções epistemológicas é que podem ser esclarecidas recorrendo à noção de conhecimento. Uma das teses mais debatidas da epistemologia de Williamson é, por exemplo, a ideia de que tal noção pode ser utilizada para compreender a noção de evidência e de justificação epistémica. A tese de Williamson, em particular, é a de que a evidência que um sujeito S tem à sua disposição e que, portanto, é relevante para avaliar a justificação em sua posse coincide com as proposições conhecidas por S. Williamson propõe dois argumentos em defesa desta tese.

O primeiro argumento baseia-se no exemplo que se segue. Um sujeito S está a ver um vídeo que mostra uma pessoa que extrai bolas de um saco e que depois volta a metê-las lá dentro. As primeiras *n* bolas extraídas são todas vermelhas. O vídeo interrompe-se antes da extração da bola *n+1* e não mostra o resultado dessa extração. S forma a crença (verdadeira e justificada indutivamente) de que (VERMELHA) também essa bola é vermelha. Williamson considera mais duas proposições:

(*h*) As primeiras *n* bolas extraídas são todas vermelhas, mas a *n+1*ésima bola a ser extraída é preta.
(*h**) A primeira bola a ser extraída é preta, enquanto todas as outras todas até à *n+1*ésima são vermelhas.

Segundo Williamson, estas duas hipóteses são assimétricas. A segunda hipótese (*h**), em particular, é incompatível com a evidência de S, enquanto a primeira hipótese (*h*) é compatível com tal evidência. Daqui resulta que a proposição (VERMELHA) não faz parte da evidência de S, pois (VERMELHA) contradiz (*h*). Por hipótese, todavia, a crença de S em tal proposição está justificada indutivamente, e é verdadeira. A única explicação da razão por que não faz parte da evidência de S, portanto, é que tal proposição não é conhecida por S. Daqui a conclusão segundo a qual toda a evidência de S é constituída por proposições conhecidas por S.

O segundo argumento é que, permitindo que proposições não conhecidas por S façam parte da sua evidência, produz-se um indesejável efeito em cadeia. Com efeito, suponhamos que S não sabe que (VERMELHA) é verdadeira, mas que tal proposição, quando S forma a crença correspondente, vem fazer parte da sua evidência. S, deste modo, tem à sua disposição uma base indutiva mais forte para inferir que a bola *n+2* é vermelha e por aí adiante com as bolas *n+3*, *n+4*, etc. O resultado desta progressiva extensão da evidência de S é que a sua inferência de que a bola sucessiva será vermelha se torna indutivamente cada vez mais forte por se basear numa base indutiva cada vez mais ampla. Mas este resultado é contraintuitivo. Tendo podido observar apenas as primeiras *n* bolas, a cada passagem a força indutiva das inferências de S parece diminuir progressivamente, e não aumentar.

Dado que Williamson não apresenta argumentos explícitos para a tese de que o conhecimento é inanalisável, o sucesso da epistemologia *knowledge first* depende, em grande parte, de quão convincentes se consideram argumentos como os que foram apresentados, segundo os quais, para compreender a noção de evidência, se deve partir de uma noção não analisada de conhecimento. A este propósito vale a pena mencionar que Goldman (2008) elaborou uma resposta convincente a ambos os argumentos propostos por Williamson. Tal resposta consiste fundamentalmente em fazer notar que os dois argumentos de Williamson subdeterminam a característica da proposição (VERMELHA) que a exclui da evidência possuída por S. Como vimos, Williamson afirma que a característica relevante é que S não conhece tal proposição. Aidan McGlynn (2014, p. 54) afirma que não há razões obrigatórias para negar que tal proposição seja conhecida e, portanto, sugere que o caso proposto por Williamson pode, na realidade, ser visto como contraexemplo da tese segundo a qual evidência e proposições conhecidas coincidem. Mesmo admitindo que S não sabe que a bola *n+1* é vermelha, todavia, para Goldman, a característica que exclui tal proposição da evidência do sujeito é outra: isto é, o facto de ser justificada inferencialmente. Tal hipótese bloqueia também o efeito em cadeia descrito por Williamson, porque (VERMELHA) e as proposições relativas às sucessivas bolas são justificadas inferencialmente. Goldman conclui, portanto, que os argumentos de Williamson são pelo menos compatíveis também com a conclusão, muito menos revisionista no plano epistemológico, segundo a qual fazem parte da evidência de S apenas as proposições que S crê com base numa justificação não inferencial (como, por exemplo, a proposição de que a *n*ésima bola era vermelha).

4.8. Interesses práticos e conhecimento

As abordagens ao conhecimento que examinámos até agora partilham um pressuposto fundamental. Segundo este pressuposto fundamental, estar na posição de adquirir conhecimento, seja qual for a análise desta noção, depende unicamente da força da própria posição epistémica. A força da posição epistémica de um sujeito depende unicamente de fatores ligados à verdade das crenças que se está em posição de formar. Isto é, depende da qualidade das razões que temos para pensar que as nossas crenças são verdadeiras, da fiabilidade dos métodos que estamos em posição de adotar, do tipo de relação modal que as nossas crenças têm com a verdade, etc. Em anos recentes, afirmaram-se abordagens que negaram, mais ou menos explicitamente, o pressuposto segundo o qual o conhecimento (ou pelo menos a verdade de uma atribuição de conhecimento) depende exclusivamente de fatores de natureza epistémica. Neste ponto conclusivo, vamos ocupar-nos do chamado *pragmatic encroachment* e do contextualismo epistemológico.

4.8.1. *Pragmatic encroachment*

Pragmatic encroachment é uma expressão criada por Jonathan Kvanvig para designar a posição segundo a qual determinadas considerações de natureza prática invadem o território próprio do conhecimento. Em português (expediente que não adotarei), tal expressão poderia ser traduzida como «tese da invasão pragmática». Fora da metáfora, os teóricos do *pragmatic encroachment* afirmam a posição segundo a qual que S saiba que P não depende unicamente da força da posição epistémica de S relativamente a P, mas também dos interesses práticos de S (em particular de quão relevante é, à luz de tais interesses, a questão se P é verdadeira). Esta posição foi introduzida na literatura por Fantl e McGrath (2002) e, depois, desenvolvida por Hawthorne (2003), Stanley (2005), Fantl e McGrath (2007; 2009). Naturalmente, existe um sentido vulgar em que o conhecimento depende dos interesses práticos de um sujeito S. Quanto maior for a importância que a questão se P tiver para S, maior será a probabilidade de S se esforçar para tentar estabelecer se P é verdadeira e, portanto, maior será a probabilidade de S acabar por saber se P é ou não verdadeira. Por exemplo, é muito mais provável que a saber onde encontrar uma boa enoteca seja uma pessoa que aprecia vinho do que uma pessoa que seja abstémia. Os defensores do *pragmatic encroachment* afirmam que o conhecimento depende dos interesses práticos do sujeito também num sentido menos banal. A tese não banal da dependência defendida pelos teóricos do *pragmatic encroachment* é esta:

PE Para qualquer situação epistémica SE, sujeito S e proposição P, que a situação epistémica SE de S seja suficientemente forte para conhecer P depende também dos interesses práticos de S.

PE afirma que o conhecimento depende dos interesses práticos do sujeito em sentido constitutivo. O exemplo da enoteca não ilustra necessariamente este tipo de dependência. A pessoa que aprecia vinho tem mais probabilidade de saber onde encontrar uma boa enoteca porque tem maior probabilidade de possuir informação relevante. Mas admitir isto é compatível com a tese de que quem quer que possua a mesma informação, independentemente dos seus interesses ou preferências, saberia onde encontrar uma boa enoteca. PE obriga a afirmar uma tese mais forte: que dois indivíduos com interesses diferentes podem diferir em relação àquilo que estão em posição de saber, mesmo quando têm exatamente a mesma informação (ou, mais em geral, quando a sua situação epistémica em relação a P é igualmente forte). O princípio PE foi defendido por Fantl e McGrath (2009) à luz do seguinte argumento. Consideremos este par de casos. Em ambos os casos, Ilaria crê que não estacionou numa zona de estacionamento proibido, pois estacionou numa estrada rural onde não se recorda de alguma vez ter visto sinais de estacionamento proibido. Mais do que isso, em ambos os casos, o automóvel de Ilaria não está estacionado numa zona de estacionamento proibido. Em S1, a questão de saber se o automóvel está estacionado numa zona de estacionamento proibido é irrelevante do ponto de vista prático, pois é muito improvável que passe por ali um polícia a verificar. Em S2, ao invés, a questão de saber onde está estacionado o automóvel torna-se mais urgente pelo facto de ter chegado um polícia que começou a verificar se os automóveis estacionados estavam na zona de estacionamento proibido. Agora, estamos em condições de avançar com o argumento. A primeira premissa do argumento diz que

(1) Ilaria, em S1, sabe que não estacionou numa zona de estacionamento proibido.

A premissa (1) é muito plausível. No fim de contas, Ilaria não se lembra de ter visto sinais de estacionamento proibido e, como vimos ao descrever S1, o seu automóvel, de facto, não está estacionado numa zona de estacionamento proibido.

Consideremos, agora, o seguinte princípio:

CA Se S sabe que P, é racional para S agir com base na razão de que P.

De CA resulta que, se é irracional para um sujeito S agir com base numa razão P, S não sabe que P. O princípio é confirmado por casos como o seguinte. O Ludovico deixa-se persuadir por um vendedor ambulante a comprar uma cautela. Não tem nenhuma razão para acreditar que comprou uma cautela vencedora, mas convence-se na mesma de que comprou a cautela vencedora. Contando já com o dinheiro do prémio, dirige-se a um *stand* automóvel. Sai de lá com o automóvel dos seus sonhos, que se comprometeu a pagar no dia seguinte. O Ludovico é, certamente, criticável por se ter comportado de maneira irracional; e a razão parece ser que, por mais que acredite firmemente ter nas mãos a cautela vencedora, o Ludovico não sabe isso.

Formulemos, agora, a hipótese de que Ilaria, em S2, fica comodamente sentada no sofá em invés de ir para a estrada a correr para verificar se o seu automóvel está corretamente estacionado. Ilaria não se lembra de ter visto qualquer sinal, mas isso não parece dar-lhe qualquer certeza. Por isso, intuitivamente, o seu comportamento é irracional: a sua crença de ter estacionado de maneira lícita não tem credenciais suficientemente fortes para justificar um comportamento do género. Mas, neste caso, resulta de CA que

(2) Ilaria, em S2, não sabe que estacionou de maneira lícita.

(1) e (2) parecem suficientes para motivar PE. S1 e S2 são idênticas do ponto de vista epistémico. Em ambas as situações, a única razão para crer que estacionou de maneira lícita é a recordação de não ter visto nenhum sinal de estacionamento proibido. A única diferença entre as duas situações capaz de explicar (1) e (2) é dada pelo facto de as consequências práticas de um eventual erro, em S2, serem muito mais pesadas do que aquelas de um erro em S1. Daqui parece resultar que, em igualdade de condições epistémicas, os interesses práticos de Ilaria são decisivos para determinar se sabe ou não que estacionou o automóvel numa zona de estacionamento proibido.

Este argumento, é importante notá-lo, é potencialmente convincente somente para quem defende o falibilismo a propósito do conhecimento. Segundo o falibilismo, pode saber-se que P, mesmo quando as razões com base nas quais se crê P, não são razões conclusivas, isto é, razões com base nas quais podemos estar certos da verdade de P. Para quem nega o falibilismo, a premissa (1) do argumento de Fantl e McGrath é falsa, porque a crença de Ilaria se baseia numa razão não conclusiva e, portanto, independentemente dos interesses práticos em jogo em S1, não pode ser um caso de conhecimento. A maior parte dos críticos de PE admite, todavia, que o falibilismo é uma posição fortemente plausível e tentou bloquear de maneira diferente o argumento de Fantl e McGrath.

Jessica Brown (2008, p. 176), por exemplo, tentou contrariar CA e, portanto, indiretamente (2), fazendo ver que em certas situações S sabe que P, embora seja irrazoável para S agir com base na crença de que P. No exemplo descrito por Brown, um cirurgião atende um paciente a quem vai extrair um rim. Antes de operar, porém, consulta os seus apontamentos para se certificar de que vai operar o rim certo. Segundo Brown, o cirurgião sabe bem qual é o rim que vai extrair, mas, dadas as consequências de um possível erro, seria irrazoável proceder sem primeiro consultar os seus apontamentos.

4.8.2. Contextualismo epistemológico

O contextualismo, em geral, é uma posição sobre a semântica de determinar expressões, segundo a qual as condições de verdade dos enunciados que envolvem tais expressões mudam consoante certas características do contexto em que tais enunciados são proferidos. Expressões indicativas como «este», «eu» ou adjetivos como «liso» e «redondo» são expressões cuja semântica se presta naturalmente a ser analisada nestes termos. O enunciado «Eu chamo-me Tommaso», por exemplo, exprime algo verdadeiro somente num contexto em que quem o profere se chama Tommaso; analogamente, o facto de o enunciado «Este é um *smartphone* coreano» ser verdadeiro depende, entre outras coisas, de onde está situado quem profere o enunciado e de que coisa indica quem o profere. O contextualista, a propósito do conhecimento, afirma a mesma coisa a propósito do verbo «conhecer». Em particular, afirma que o valor de verdade de um enunciado da forma «S sabe que P» depende, entre várias coisas, das características do contexto em que tal enunciado é proferido. Naturalmente, o contextualista reconhece que uma atribuição de conhecimento como «S sabe que P» só é verdadeira se estiverem satisfeitas algumas condições relativas à situação epistémica de S. Aquilo que caracteriza a sua posição é que, para o contextualista, quão boa deva ser a situação epistémica de S em relação a P, para que «S sabe que P» diga algo de verdadeiro, é determinado por fatores ligados também à situação prática de quem atribui o conhecimento.

A posição do contextualista assemelha-se, pelo menos superficialmente, à do teórico do *pragmatic encroachment.* Ambos, por exemplo, se esforçam por reconhecer que o enunciado

(1) Ilaria sabe que não estacionou numa zona de estacionamento proibido.

diz algo verdadeiro quando é proferido em S1 e algo falso quando é proferido em S2. Para o contextualista, isto deve-se ao facto de que em S1 e em S2 (1) exprime proposições diferentes e, portanto, tem diferentes condições de verdade. Em S1, em particular, (1) afirma que Ilaria mantém uma relação cognitiva C_1 com a proposição de ter estacionado numa zona de estacionamento proibido, que é diferente da relação C_2 que a Ilaria deve manter com a mesma proposição para que seja verdade aquilo que (1) diz quando é proferido em S2. Que Ilaria esteja numa qualquer destas duas relações depende unicamente da situação epistémica de Ilaria. A diferença entre as duas relações C_1 e C_2 consiste precisamente no facto de a segunda relação requerer uma situação epistémica mais forte do que aquela requerida pela primeira relação. Para o teórico do *pragmatic encroachment*, ao invés, (1) é semanticamente invariante na passagem de S1 para S2. Proferido nas duas situações, (1) exprime a mesma proposição, ou seja, atribui a Ilaria a mesma relação C — o conhecimento — relativamente à mesma proposição. Que Ilaria esteja nesta relação com esta proposição depende, porém, não apenas da situação epistémica de Ilaria, mas também dos seus interesses, que mudam de S1 para S2. Para o teórico do *pragmatic encroachment,* é isto que explica por que razão (1) tem valores de verdade diferentes nas duas situações.

Existem várias maneiras, discutidas na literatura, de explicar de que modo o contexto de proferimento determina a proposição expressa a partir de uma atribuição de conhecimento. O mecanismo que, segundo a maior parte dos epistemólogos contextualistas, é responsável por este fenómeno semântico é relativo à menção de alternativas. Intuitivamente, para saber que as coisas estão de uma determinada maneira — por exemplo, para saber que o meu automóvel é vermelho —, é necessário excluir que as coisas estão de maneira diferente — por exemplo, é necessário excluir que o meu automóvel é azul. Como poderia saber que o meu automóvel é vermelho se não fosse capaz de excluir que é azul? Para muitos epistemólogos, para se saber que as coisas estão de determinada maneira, não é, todavia, necessário excluir todas as possíveis alternativas, mas apenas uma subclasse de tais alternativas, as chamadas alternativas relevantes. A questão de saber o que faz que uma alternativa seja uma alternativa relevante pode ser respondida de variadas maneiras. As características ambientais seguramente contribuem para isso. Na terra dos celeiros, por exemplo, a grande quantidade de falsos celeiros parece fazer da hipótese de que um determinado edifício seja um falso celeiro uma alternativa relevante à hipótese de que seja um celeiro verdadeiro: naquela situação, é plausível que para saber estar perante um verdadeiro celeiro seja necessário excluir que seja um falso celeiro (a teoria de Nozick dá exatamente este resultado: pois na terra dos celeiros a crença de estar a olhar para um celeiro verdadeiro é insensível e, portanto, não conhecimento, a menos que não seja formada com base num método que permita excluir que se está a olhar para um falso celeiro). Muitos contextualistas epistemológicos afirmam que são também os fatores contextuais que determinam a relevância de uma alternativa. Stewart Cohen (1998), por exemplo, postula uma regra da saliência, segundo a qual uma alternativa pode ser tornada relevante unicamente pelo facto de ser mencionada no seio de uma conversação; a regra da atenção postulada por Lewis (1996) desempenha uma função totalmente análoga. Se assim é, mencionando uma alternativa, pode determinar-se uma mudança no contexto de proferimento capaz de transformar o valor de verdade de uma atribuição de conhecimento como «S sabe que P». Imaginemos, por exemplo, que «S sabe que P» é proferida num contexto em que determinada alternativa a P, digamos Q, é irrelevante. Avaliada à luz de C, «S sabe que P» é verdadeira, ainda que a evidência que S tem à sua disposição relativamente a P não lhe permita excluir Q. Mas suponha-se que alguém mencione Q, tornando, assim, relevante essa alternativa. Deste modo, é produzida uma passagem para um segundo contexto de proferimento em que «S sabe que P» é falso.

A teoria contextualista baseada nas alternativas relevantes é suscetível de ser criticada pelo facto de ser arbitrariamente seletiva. Considerem-se, por exemplo, as duas proposições seguintes:

(BIC) A minha bicicleta é verde.
(AUT) O meu automóvel é cinzento.

A minha posição epistémica relativamente a (BIC) e a (AUT) é suficientemente boa para me permitir, num contexto normal, conhecer ambas as proposições, porque a evidência que tenho à disposição permite-me excluir todas as alternativas selecionadas como relevantes a partir desse contexto. Suponhamos, porém, que a minha mulher torna relevante, mencionando-a, a alternativa a (BIC) segundo a qual alguém, durante a noite, pintou a minha bicicleta de outra cor. Deste modo, a minha mulher teria produzido uma modificação no contexto de proferimento, motivo pelo qual «eu sei que a minha bicicleta é verde» diz algo verdadeiro somente se sou capaz de excluir que alguém a pintou durante a noite. No mesmo contexto de proferimento, «eu sei que o meu automóvel é cinzento» continuaria a exprimir uma proposição verdadeira, embora não seja capaz de excluir se alguém fez a mesma coisa ao meu automóvel. Para muitos, esta disparidade parece arbitrária, porque a minha posição epistémica a respeito de ambas as proposições é igualmente boa. Um modo de resolver este problema é pensar que um contexto de proferimento atue selecionando padrões epistémicos. Tem estas características a conceção de DeRose (1995), que em parte incorpora a proposta de Nozick examinada no ponto 4.4. DeRose define a força da posição epistémica do sujeito S em relação a P em termos modais: essa força é tanto maior quanto mais extensa for a esfera de mundos possíveis em cujo seio S não se engana a propósito de P. Quando alguém profere «S (não) sabe que P», para DeRose, produz uma elevação dos padrões, que responde à regra da sensibilidade: para que «S sabe que P» seja verdadeira, a posição de S deve ser suficientemente forte para garantir que a crença de que P seja sensível; por outras palavras, a esfera dos mundos em que S não se engana a propósito de P deve incluir os mundos mais semelhantes ao mundo atual em que P é falso. Por exemplo, se alguém afirma «O Tommaso sabe que a Chiara sabe recitar», produz uma elevação dos padrões conversacionais segundo os quais o que foi dito é verdadeiro somente se a força da posição epistémica do Tommaso garantir que, se a Chiara não soubesse recitar, o Tommaso não se daria conta. Se, por exemplo, o Tommaso é incapaz de distinguir entre uma boa atriz e uma péssima atriz, à luz dos novos padrões, «O Tommaso sabe que a Chiara sabe recitar» diz algo que é falso.

Com isto podemos concluir, pelo menos por agora, a nossa exposição do contextualismo epistemológico. Retomá-la-emos no capítulo quinto, ilustrando o modo como o contextualismo pode ser utilizado para responder ao ceticismo.

5. Temos conhecimento?

No primeiro capítulo vimos que, quando se fala de conhecimento, é preciso ter o cuidado, pelo menos inicialmente, de distinguir três sentidos em que tal noção parece recorrer nas nossas conversas do dia a dia: o sentido proposicional, o sentido direto e o sentido processual. Dedicámo-nos, de seguida, no segundo capítulo, a uma análise preliminar do conhecimento proposicional, que é o tipo de conhecimento que atribuímos a nós próprios ou aos nossos semelhantes, quando dizemos que sabemos que as coisas estão de um determinado modo. Esta análise preliminar afirma que para saber que P é necessário que P seja verdadeira e que a crença de que P esteja justificada no plano epistémico ou apoiada em boas razões. No terceiro capítulo, vimos que esta análise tradicional foi criticada por Gettier à luz de dois famosos contraexemplos. Depois, no quarto capítulo, examinámos as principais teorias que foram propostas para tentar obviar os defeitos da análise tradicional sublinhados pela crítica de Gettier. Deste modo, procurámos aperfeiçoar a nossa compreensão daquilo que é o conhecimento proposicional. A nossa pesquisa foi feita à luz do pressuposto de que o objeto do nosso interesse, seja ele qual for, é um bem do qual dispomos em abundância. Mas será mesmo assim? Como veremos em breve, há considerações de caráter geral que parecem motivar uma atitude muito menos otimista relativamente a essa questão. O ponto 5.1 é dedicado a ilustrar algumas destas considerações. Os pontos que se seguem são, ao invés, dedicados à apresentação das principais estratégias, discutidas em literatura, para lidar com o ceticismo.

5.1. Dúvidas céticas

Ao frequentarmos as aulas de um departamento de filosofia, dificilmente encontramos um filósofo cético, isto é, alguém que afirme que não sabemos (ou pior, que não podemos saber) nada daquilo que cremos saber. Os filósofos geralmente não duvidam da existência da realidade externa e, sobretudo, não duvidam do facto de que a realidade externa — como é feita, que tipo de objetos contém, as leis que regulam o seu comportamento, etc. — está ao alcance do nosso conhecimento. Precisamente por isso, no entanto, a maior parte dos filósofos fica impressionada com a aparente cogência das considerações que se seguem, que, ao invés, parecem impor uma conclusão muito menos otimista. Nas suas linhas essenciais, tais considerações remontam a Descartes (1988), e é por isso que a forma de ceticismo que ele descreve é, amiúde, designada por «ceticismo cartesiano».

Começamos por explicitar a intuição do senso comum, segundo a qual, em condições normais de iluminação, na ausência de impedimentos cognitivos e em circunstâncias que consideramos comuns, olhando na direção das próprias mãos,

(1) S sabe que tem duas mãos.

(1) é muito intuitiva. Mas, como veremos, (1) pode facilmente deixar de ser verdade indiscutível para passar a ser um verdadeiro mistério. Para começar a ver como tal acontece, consideremos uma nova variante da hipótese, já conhecida, de que somos vítimas da Matrix. Segundo a nova hipótese — a de que S é vítima$^+$ da Matrix —, não é o corpo de S a estar conservado num recipiente. Neste cenário mais radical, é apenas o seu cérebro, que entretanto foi extraído do corpo, a ser mantido em vida num recipiente e a estar ligado ao supercomputador. Tudo o resto, incluindo a ilusão coerente e sistemática de uma realidade externa, permanece igual.

Se S é vítima$^+$ da Matrix, como acabámos de ver, S não tem um corpo e, *a fortiori*, também não tem mãos. Daqui resulta que, se S tem duas mãos, então não é vítima$^+$ da Matrix. Deste condicional resulta aparentemente um segundo, ou seja, se S sabe que tem duas mãos, também sabe que não é vítima$^+$ da Matrix. Este segundo condicional é consequência do primeiro, se assumimos o princípio do fechamento do conhecimento sob implicação lógica conhecida, que já encontrámos ao discutirmos a objeção de DeRose à teoria de Nozick no ponto 4.4. Segundo tal princípio, recorde-se,

C_K Se o sujeito S sabe que P, e S deduz de maneira competente Q de P, necessariamente S sabe que Q.

Imaginemos, agora, que S se dá conta do facto de que, se tem duas mãos, então, não é vítima⁺ da Matrix. Aplicando o princípio C_K a este sujeito, obtemos a seguinte instância do princípio:

(C_{K^*}) Se S sabe que tem duas mãos, e S deduz de maneira competente uma coisa da outra, S sabe também que não é vítima⁺ da Matrix.

Em consequência de (C_{K^*}):

(2) Se S não sabe que não é vítima⁺ da Matrix, S não sabe que tem duas mãos.

Para apreciar plenamente a força das considerações céticas, basta refletir sobre quão difícil é para S falsificar o antecedente de (2), ou seja, excluir que é vítima⁺ da Matrix. Por definição, o ponto de vista subjetivo de quem não é vítima⁺ da Matrix, e está mesmo a observar uma realidade externa, é indistinguível do ponto de vista de quem, sendo vítima⁺ da Matrix, é meramente submetido à ilusão constante de estar a observar uma realidade externa. Por isso, intuitivamente, não há nada, na experiência subjetiva de S, que seja uma razão para excluir ser vítima⁺ da Matrix. Todas estas considerações parecem impor a conclusão:

(3) S não sabe que não é vítima⁺ da Matrix.

Em conjunto, (1), (2) e (3) colocam-nos perante um quebra-cabeças. Em separado, são extremamente plausíveis. (1) limita-se a dar voz a uma constatação aparentemente modesta, segundo a qual existem aspetos do mundo — como o facto de ter duas mãos — de que podemos adquirir conhecimento; (2) não é mais que uma instância de um princípio geral, o princípio do fechamento do conhecimento, que é fortemente plausível; (3) parece resultar diretamente da definição do que quer dizer ser vítima⁺ da Matrix. Embora, em separado, estes princípios sejam extremamente plausíveis, o problema é que não podem ser todos verdadeiros em simultâneo. (2) e (3), de facto, acarretam a negação de (1), ou seja, que S não sabe que tem duas mãos. Se (2) e (3) são verdadeiros, portanto, (1) é falso. E, se (1) é verdadeiro, então ou (2) ou (3) deve ser falso.

Perante este resultado, uma possibilidade é a de, naturalmente, declarar a própria derrota e admitir o engano de achar que se sabia determinada coisa, como a de ter duas mãos. Mas esta conclusão cética é intelectualmente repugnante e é uma solução a partir da qual nenhum epistemólogo daria início ao seu trabalho. Não é mistério, portanto, que haja muitos a verificarem se, por acaso, não haverá estratégias alternativas à negação de (1) para gerir o impasse aparentemente engendrado por (1), (2) e (3). Nos pontos seguintes, vamos ocupar-nos de tais estratégias.

5.2. Negar o princípio do fechamento

No ponto 5.1, vimos que a admissão a que (3) dá voz, segundo a qual não somos capazes de excluir que somos vítimas⁺ da Matrix, impõe-nos a conclusão cética segundo a qual (~1) não podemos saber que temos duas mãos somente se, como defende (2), para saber que temos duas mãos, devemos excluir que somos vítimas⁺ da Matrix. Um modo direto de bloquear a derivação de (~1), portanto, é negar (2). Como veremos daqui a pouco, Pritchard (2016) defendeu uma estratégia muito sofisticada para negar (2). Mas o modo mais óbvio, aquele que no debate tem uma tradição mais consolidada, consiste em negar o princípio (C_K), de que (2) parece ser consequência direta.

Os filósofos que mais contribuíram para esta estratégia foram Dretske (1970) e Nozick (1981). Como recordamos do ponto 2.4, Dretske afirma que a justificação proposicional e o conhecimento não estão fechados sob inferências específicas, em particular aquelas que têm como premissas proposições ordinárias, como a proposição de ter duas mãos, e por conclusão a negação de consequências específicas por contraste de tais premissas, como a proposição de não ser vítima⁺ da Matrix. Portanto, Dretske nega a instância específica de (C_K) de que (2) é uma consequência. As razões de Nozick para negar (C_K), vimo-lo no quarto capítulo, têm a ver com a sua análise do conhecimento. Segundo Nozick, recordamos, para ser conhecimento, a crença verdadeira de S deve ser sensível, isto é, deve ser satisfeita a condição (Se), segundo a qual S não creria que P se P fosse falsa. O princípio (C_K), à luz desta condição, é verdadeiro somente se, quando S deduz de maneira competente Q de P, resulta necessariamente do facto de que a crença de que P é sensível que a crença de que Q é sensível. Mas esta condição nem sempre é satisfeita. Em particular, não o é quando P é uma proposição usual, como a proposição de que S tem duas mãos, e Q é a negação de uma hipótese cética, como a proposição segundo a qual não é vítima⁺ da Matrix. Neste caso, embora a crença de que P seja sensível, a crença de que Q não o é. Suponhamos, para tornar o ponto intuitivo, que a crença de S de ter duas mãos é verdadeira e sensível. Neste caso, S tem duas mãos, mas não continuaria a crê-lo nos mundos possíveis mais semelhantes ao mundo atual em que não as tivesse. Suponhamos, depois, que, consciente da implicação, S deduz da premissa de ter duas mãos a conclusão de não ser vítima⁺ da Matrix. Esta segunda crença seria verdadeira, mas não seria sensível. Nos mundos possíveis mais semelhantes ao mundo atual em que S fosse uma vítima⁺ da Matrix, continuaria a crer não o ser.

Dretske e Nozick oferecem razões de princípio para negarem (C_K) e, portanto, para resolverem o *puzzle* cético negando (2). Apesar disso, tal solução é considerada totalmente insatisfatória pela maior parte dos epistemólogos contemporâneos. A principal razão é a de que a negação do princípio do fechamento, como já vimos, é demasiado contraintuitiva para conseguir realmente atenuar o desconcerto que experimentamos quando lidamos com o problema cético. Sentimos esse problema com força precisamente porque nos encontramos divididos entre duas intuições muito enraizadas. Por um lado, achamos inaceitável a ideia de não podermos saber que temos duas mãos. Por outro, dada a incompatibilidade entre as duas coisas, não conseguimos ver como poderíamos ter conhecimento de termos duas mãos se não fossemos capazes de excluir que somos vítimas⁺ da Matrix. A solução em objeto permite salvaguardar a primeira intuição em detrimento da segunda e, portanto, pode facilmente parecer que não resolve de todo o problema que o cético nos coloca. Por isso, pareceu preferível, a muitos, explorar saídas alternativas, potencialmente capazes de fazer justiça a ambas as intuições. É deste tipo de propostas que nos vamos ocupar nos próximos pontos.

5.3. A resposta de Moore

A maior parte das discussões contemporâneas do ceticismo sobre o conhecimento começa por examinar, sobretudo com intenção crítica de evidenciar os seus defeitos, a resposta dada a tal problema por George Edward Moore (1959a; 1959b). Moore dialoga idealmente com um cético que nega que se possa adquirir conhecimento da existência de uma realidade externa. Nada de substancial muda, todavia, se reconstruirmos o argumento de Moore reformulando-o nos termos da hipótese com que trabalhámos até ao momento, isto é, a hipótese de não sermos vítimas+ da Matrix. A resposta de Moore a quem afirma que a aceitação de (2) e (3) nos obriga racionalmente a rejeitar (1) e, portanto, a afirmar que não podemos saber que temos duas mãos, consiste em fazer notar que nenhuma destas duas premissas é mais certa do facto de termos duas mãos. Segundo Moore, isto torna disponível a proposição que diz que temos duas mãos como premissa a partir da qual inferir, de maneira válida, a negação de (3), ou seja, a conclusão de que não somos vítimas+ da Matrix (no argumento original de Moore, a conclusão de que existe o mundo externo). Substancialmente, Moore inverte o raciocínio do cético que utiliza (2) e (3) como premissas para derivar a negação de (1). O cético argumenta da seguinte maneira: como não podemos excluir que somos vítimas[+] da Matrix, também não podemos saber que temos duas mãos, porque, se soubéssemos que temos duas mãos, poderíamos, assim, excluir que somos vítimas[+] da Matrix. Moore responde recorrendo a um raciocínio simétrico: como sabemos que temos duas mãos, podemos excluir que somos vítimas[+] da Matrix, porque resulta do facto de termos duas mãos o facto de não sermos vítimas[+] da Matrix.

Como veremos nos próximos parágrafos, o raciocínio de Moore foi considerado, por muitos, pouco convincente. Em particular, Wright afirmou que o argumento se baseia numa inferência defeituosa. Todavia, é o ponto de partida para uma série de respostas ao problema cético que têm em comum a negação da premissa (3). Os três pontos que seguem são dedicados a tais análises. Na linha de D. Pritchard (2012), referir-me-ei a estas respostas como respostas neomooreanas, precisamente porque têm todas em comum o propósito, fiel ao espírito da proposta de Moore, de criticar a cogência do argumento cético atacando a premissa (3). Outros filósofos — por exemplo, R. Neta (2007) — têm uma conceção mais restritiva do que torna uma estratégia anticética uma estratégia neomooreana. Segundo Neta, em particular, para se ser genuinamente neomooreana, uma resposta ao cético deve reivindicar a cogência da inferência de Moore. Segundo esta interpretação, a resposta de Wright que analisaremos no próximo ponto não é uma resposta neomooreana.

5.4. Neomooreanismo de tipo externalista

A estratégia de Moore para defender (1) consiste em negar (3). Nisto, os epistemólogos neomooreanos seguem a mesma linha de Moore, mas, ao contrário de Moore, tentam apresentar uma conceção alternativa de noções como conhecimento e justificação para explicarem como é possível saber que não se é vítima^{+} da Matrix. Nesse ponto vamos concentrar-nos numa variante externalista do neomooreanismo. O ponto 5.5 será dedicado a duas variantes internalistas da mesma conceção.

No ponto 5.1 vimos por que motivo (3) é tão credível. As experiências que teríamos, se formos vítimas^{+} da Matrix, são, por definição, indistinguíveis das experiências que teríamos se não o fossemos. Não há, portanto, nada a que recorrer, no seio da nossa perspetiva epistémica, para excluir que somos vítimas^{+} da Matrix. Qualquer razão que possamos aduzir para pensar que não o somos — que nos pareça, por exemplo, que temos um corpo ou que estarmos circundados por uma realidade material — é por definição compatível com a hipótese contrária. Estas considerações são muito persuasivas, mas, em rigor — observa o proponente da resposta neomooreana externalista —, não provam exatamente (3). Provam, em rigor, que não podemos excluir que somos vítimas^{+} da Matrix, com base em razões internas à nossa perspetiva. Não provam também que seja impossível saber que não somos vítimas^{+} da Matrix num qualquer sentido de conhecimento que não requeira a posse de razões deste tipo.

Analisemos, por exemplo, a conceção segundo a qual, para saber que P, é suficiente ter uma crença verdadeira e segura, uma crença que é verdadeira no mundo atual e que permanece verdadeira na maior parte dos mundos possíveis muito semelhantes ao mundo atual em que o sujeito forma a crença do mesmo modo. Sabemos que semelhante conceção é controversa. Mas suponhamos que ter uma crença verdadeira e segura é suficiente, pelo menos em certos casos, para ter conhecimento. Saber, neste sentido, que P é compatível com não ter razões internas à própria perspetiva que falem a favor de P. Já vimos que, por definição, não temos razões deste tipo para pensar que não somos vítimas^{+} da Matrix. Suponhamos, porém, que formo a crença de não ser uma vítima^{+} da Matrix com base no facto de me parecer que tenho duas pernas e dois braços, e suponhamos que não me engano, porque de facto não sou vítima^{+} da Matrix. As razões internas à minha perspetiva não favorecem esta crença relativamente à alternativa cética, porque me pareceria ter duas pernas e dois braços, mesmo que fosse vítima^{+} da Matrix. Todavia, a minha crença de não ser uma vítima^{+} da Matrix seria segura. Porque, se no mundo atual não sou vítima^{+} da Matrix, continuo a não me enganar em todos os mundos possíveis semelhantes ao mundo atual em que formo a mesma crença com base no facto de ter duas pernas e dois braços. Portanto, saberia, pelo menos no sentido que estamos a considerar, que não sou vítima^{+} da Matrix.

A estratégia externalista, a custo de impor uma certa revisão da noção de conhecimento, permite preservar (1) negando (3), porque, se não somos vítimas^{+} da Matrix, existe um sentido em que podemos saber não o sermos.

A estratégia neomooreana de tipo externalista, todavia, levanta várias perplexidades. A principal parece a de ser intelectualmente insatisfatória. Tal resposta consegue mostrar que, se não somos vítimas⁺ da Matrix, então podemos saber que não o somos e, portanto, podemos saber, por exemplo, que temos duas mãos. Porém, aquilo que esta resposta não parecer ser capaz de garantir é o conhecimento reflexivo, conhecimento de não sermos vítimas⁺ da Matrix e de termos duas mãos que podemos saber que temos.

Mais do que isso, a estratégia neomooreana em questão parece ser suscetível de crítica à luz de um argumento com o qual Pritchard (2016, pp. 19–21) recentemente criticou uma versão fiabilista da resposta neomooreana de tipo externalista. O externalista, como vimos, pretende refutar o cético afirmando que podemos saber que não somos vítimas⁺ da Matrix. Uma razão de suspeição relativamente a esta resposta é dada pelo seu revisionismo, porque, na linha do sentido de conhecimento invocado pelo externalista, podemos saber que não somos vítimas⁺ da Matrix, embora não haja razões internas à nossa perspetiva a favor dessa hipótese. Para Pritchard, a revisão das nossas intuições epistemológicas, implicada pela resposta externalista, seria tolerável se fosse o preço a pagar para nos reconciliar plenamente com a intuição, veiculada por (1), segundo a qual podemos saber que temos duas mãos num sentido não revisionista, ou seja, com base em razões internas à nossa perspetiva. O problema é que a resposta neomooreana de tipo externalista não parece ser capaz de salvaguardar esta intuição. Para apreciar o ponto é necessário considerar a seguinte variante do princípio do fechamento restrito ao conhecimento baseado em razões:

$C_{K\#}$ Se o sujeito S sabe que P com base em razões internas à própria perspetiva, e S deduz de maneira competente Q de P, necessariamente S sabe que Q com base em razões internas à própria perspetiva.

$C_{K\#}$ não é menos plausível do que C_K. Limita-se a observar acerca do conhecimento baseado em razões internas à perspetiva do sujeito o que o segundo princípio afirma acerca do conhecimento *tout court*. O problema é que $C_{K\#}$ tem como consequência

(2#) Se S não sabe que é uma vítima+ da Matrix com base em razões internas à sua perspetiva, S não sabe que não tem duas mãos com base em tais razões.

Na medida em que o proponente desta resposta concede que não é possível saber com base em razões internas à própria perspetiva que não somos vítimas+ da Matrix, também deve admitir que S não pode saber que tem duas mãos com base em tais razões. Isto é, deve negar (1) na versão mais plausível.

A opção natural a este ponto é contentar-se com (1) na sua interpretação menos plausível, segundo a qual podemos saber que temos duas mãos, mas apenas no sentido em que isto não envolve a posse de razões internas à nossa perspetiva. Deste modo, o neomooreano externalista é, porém, obrigado a aceitar uma conceção muito mais revisionista do conhecimento. Isto parece deixar a sua solução do ceticismo numa posição de debilidade relativamente a soluções potencialmente menos revisionistas. Vejamos algumas delas.

5.5. Neomooreanismo de tipo internalista

Há pelo menos três variantes da resposta neomooreana de tipo internalista ao dilema cético apresentado em 5.1. De seguida, vou descrever as primeiras duas, reconduzíveis a Pryor (2000) e a Wright (2004). O ponto 5.6 será, ao invés, dedicado à resposta neomooreana elaborada por McDowell (2008; 2011) e Pritchard (2012b), baseada no chamado disjuntivo epistemológico.

Vimos no final do ponto 5.2 que a resposta anticética de Moore se baseia numa inferência controversa. Chegou o momento de sermos mais precisos e de esclarecermos os termos do problema. Moore afirma que podemos saber que não somos vítimas[+] da Matrix deduzindo de maneira competente tal conclusão a partir da premissa, de cuja verdade podemos estar certos, de termos duas mãos. Esta resposta, como é evidente, pressupõe que saibamos que temos duas mãos. Quem a propõe, portanto, é obrigado a explicar de onde lhe vem tal conhecimento. E é aqui que potencialmente começam a surgir os problemas da inferência mooreana.

A resposta mais promissora a tal pergunta consiste em fazer notar que, quando olhamos na direção das nossas mãos, nos parece que vemos duas mãos, e que nesta base podemos formar a crença justificada (e adquirir conhecimento, se a crença é verdadeira) do facto de termos duas mãos. Esta resposta é muito intuitiva, mas pode facilmente dar a impressão de que é incompleta. Para percebermos porquê, imaginemos que temos razões para duvidar das nossas perceções; imaginemos, por exemplo, que alguém nos disse que nos fez ingerir um poderoso alucinogénio. Numa situação do género, não seria racional confiar nas aparências; quando as coisas nos parecessem estar de um certo modo, seria mais prudente abster-se de formar qualquer crença, à espera de que o efeito do alucinogénio desaparecesse, do que crer que as coisas estivessem realmente daquele modo. Tudo isto parece sugerir que a perceção não é capaz, sozinha, de justificar qualquer crença sobre o mundo externo. Isto é, parece sugerir a conceção, a que Pryor (2000) chama «conservadora», segundo a qual, ao invés, para estarmos justificados a crer P com base na perceção de que P é necessário ter a garantia do facto de que as nossas perceções são fiáveis. Parece sugerir, por exemplo, que é possível saber que se tem duas mãos com base no facto de nos parecer que temos duas mãos somente se tivermos já a garantia de que não somos vítimas⁺ da Matrix. Porque, claramente, se somos vítimas⁺ da Matrix, as nossas perceções não são fiáveis.

À luz do que foi dito, é fácil ver quais são os possíveis limites da inferência de Moore. A resposta de Moore é a de que podemos apreender que não somos vítimas⁺ da Matrix deduzindo tal conclusão da premissa de que temos duas mãos. Mas, se a conceção conservadora é uma reconstrução cuidadosa da estrutura da justificação percetiva, tal é impossível, porque a inferência mooreana não é capaz de transmitir a justificação (no sentido descrito no ponto 2.4). Se devemos já estar justificados a crer que não somos vítimas⁺ da Matrix para que a perceção aparente de duas mãos seja capaz de nos justificar a crer ter duas mãos, com efeito, a nossa eventual justificação para crer que não somos vítimas⁺ da Matrix não pode ser adquirida com base na premissa de que temos duas mãos. Isto parece comprometer desde já a posição defendida por Moore. Mas os problemas, tal como observou Pryor, não parecem terminar por aqui. O principal problema parece ser que, se o conservador tem razão, e a inferência mooreana não é transmissiva, não parece possível apreender que não somos vítimas⁺ da Matrix nem apreender que temos duas mãos. Se o conservador tem razão, de facto, para apreender que temos duas mãos com base na perceção, é necessário ter uma justificação antecedente para excluir sermos vítimas⁺ da Matrix. Mas de onde virá esta justificação — poderia perguntar o cético imaginado por Pryor — se não de uma inferência a partir de premissas relativas ao mundo externo, como a premissa de ter duas mãos? E o que poderá justificar semelhante premissa se não a perceção? O círculo vicioso no qual parecemos enredados, se o conservador tiver razão, é sobremaneira evidente.

Para Pryor, a saída é negar o conservadorismo e aceitar uma conceção liberal da arquitetura da justificação percetiva. Segundo Pryor (2000), mas também segundo Huemer (2001; 2007), a justificação que adquirimos para crer que as coisas estão de um certo modo em virtude do facto de que as coisas nos parecem estar daquele modo não é constituída pela justificação a crer noutra coisa (é justificação imediata, na terminologia de Pryor). Para captar plenamente a ideia, é útil confrontar a justificação percetiva com a justificação inferencial (de que falámos no ponto 1.2). O médico infere que o seu paciente tem sarampo a partir dos inúmeros pequenos sinais brancos que observa na boca do paciente (as manchas de Koplik). Um ingrediente importante da justificação que o médico tem para crer que o paciente tem sarampo é a justificação que tem para crer que o paciente tem a boca cheia de sinais brancos. Se não tivesse razões para o crer, o seu diagnóstico seria totalmente injustificado. Ao invés, segundo Pryor e Huemer, quando o sujeito S parece ter à sua frente duas mãos, está, por isso mesmo, justificado a crer que tem à sua frente duas mãos. Para ter esta justificação não deve ter razões antecedentes para pensar que as suas perceções são fiáveis. Basta-lhe não ter razões para pensar que as suas perceções não são fiáveis.

Se tiver razão o liberal, a inferência mooreana é capaz de transmitir a justificação. Porque, na ausência de razões para crer que é vítima[+] da Matrix (ou para crer, em geral, que as próprias perceções não são fiáveis), S pode igualmente adquirir justificação para crer que tem duas mãos com base na perceção de duas mãos e inferir a partir da premissa de ter mãos a negação de várias hipóteses céticas, entre as quais, por exemplo, a hipótese de ser vítima[+] da Matrix.

A ideia de que a justificação percetiva é imediata no sentido descrito por Pryor atraiu várias críticas. Segundo uma objeção desenvolvida por Roger White (2006), por exemplo, é demonstrável que a probabilidade que S atribui à hipótese de ter duas mãos, dado que lhe parece ter duas mãos, não pode exceder a probabilidade que S atribui *a priori* à hipótese de não ser vítima[+] da Matrix. Uma interpretação possível (e bastante natural) deste resultado é a tese conservadora, segundo a qual a justificação antecedente para crermos não ser vítimas[+] da Matrix é um ingrediente da justificação para crer ter duas mãos, baseada no facto de que, ao sujeito, lhe parece ter duas mãos.

Quem aceita uma conceção conservadora não está, de todos os modos, obrigado a resignar-se ao ceticismo.

Uma possibilidade alternativa é a conceção desenvolvida por Wright (2004). Segundo Wright, para estarmos justificados a crer que temos duas mãos com base no facto de que nos parece termos duas mãos, devemos estar antecedentemente justificados a crer que não somos vítimas⁺ da Matrix. Todavia, daqui não resulta, para Wright, que a nossa posição epistémica relativamente ao mundo externo exiba a circularidade descrita pelo cético imaginado por Pryor. Porque para Wright é falso que a única fonte possível de justificação para crer que não somos vítimas⁺ da Matrix é uma inferência a partir de proposições, como a de ter duas mãos, que só podem ser justificadas através da perceção. Um modelo alternativo, para Wright, é sugerido por Ludwig Wittgenstein (1969). Wittgenstein afirma que proposições como a de não sermos vítimas⁺ da Matrix são certezas que, pela sua natureza, e pela natureza do papel que desempenham no seio das nossas práticas epistémicas, não são suscetíveis de serem motivadas racionalmente. Segundo Wright, um modo de interpretar a sugestão de Wittgenstein é afirmar que a proposição de não sermos vítimas⁺ da Matrix é uma pressuposição do projeto cognitivo de recolher informações sobre o mundo externo exercitando as nossas faculdades percetivas e que, precisamente por isso, tal proposição goza de um estatuto epistémico análogo à justificação, a que Wright chama *entitlement*, que torna a sua aceitação racional. Se tivéssemos dúvidas sobre sermos vítimas⁺ da Matrix, não teria sentido almejar a finalidade de compreendermos como é feito o mundo exercitando as nossas faculdades percetivas. Mas, precisamente por isso, na ausência de razões para pensar que somos vítimas⁺ da Matrix, para

Wright, aceitar que não o somos é automaticamente racional. Porque aquilo que temos a ganhar no plano epistémico, se aceitarmos que não somos vítimas^{+} da Matrix e continuarmos a basear as nossas crenças sobre o mundo externo nas nossas perceções, é potencialmente melhor, e certamente não pior, do que aquilo que obteríamos se, deixando-nos paralisar pela dúvida, nos abstivéssemos sistematicamente de formar qualquer crença. É à luz destas considerações estratégicas que Wright (com isso evocando a estratégia para defender a indução elaborada por Reichenbach, 1938) considera que a hipótese de não sermos vítimas^{+} da Matrix goza de um estatuo epistémico privilegiado, que nos permite adquirir conhecimentos sobre o mundo que nos rodeia com base na perceção.

A teoria do *entitlement* também não está livre de críticas. A principal objeção que lhe foi dirigida é a de que não consegue mostrar que é racional do ponto de vista epistémico pressupor que não somos vítimas^{+} da Matrix. Para poder responder eficazmente ao cético, é necessário mostrar que podemos saber que não somos vítimas^{+} da Matrix. Tal só é possível se as considerações a favor de tais hipóteses forem de natureza epistémica. Mas, segundo muitos críticos (cf., por exemplo, Jenkins, 2007), as considerações estratégicas descritas por Wright são de natureza meramente prudencial. Comportarmo-nos como se não fôssemos vítimas^{+} da Matrix, segundo Jenkins, não é racional porque temos razões a favor da verdade de tal hipótese. É apenas porque formar crenças verdadeiras é um fim dotado de valor instrumental que é racional comportarmo-nos como se não fôssemos vítimas^{+} da Matrix.

5.6. Neomooreanismo de terceiro tipo: o disjuntivismo epistemológico

O disjuntivismo epistemológico é uma posição relativamente recente na literatura. Conceptualmente, é parente de uma conceção da filosofia da mente conhecida como disjuntivismo metafísico ou, mais simplesmente, disjuntivismo (para uma apresentação geral, cf. Snowdon, 2008). Segundo esta conceção, o estado mental que temos quando vemos que as coisas estão de um certo modo e aquele que temos quando somos vítimas de uma alucinação indistinguível de que as coisas estejam daquele modo (por exemplo, quando somos vítimas[+] da Matrix) são metafisicamente distintos; ainda que, subjetivamente, seja impossível discriminar um caso do outro, não são estados mentais caracterizados pela posse de uma qualquer característica comum; isto é, não são estados mentais do mesmo tipo. Segundo a conceção oposta, perceção verídica e alucinação correspondente são, ao invés, subjetivamente indistinguíveis precisamente porque são estados mentais do mesmo tipo. Aquilo que diferencia tais estados é extrínseco à sua natureza e diz exclusivamente respeito àquilo que os causou. O disjuntivismo epistemológico, defendido explicitamente por McDowell (2008; 2011) e por Pritchard (2012b), é a posição segundo a qual a perceção verídica de que P e a correspondente alucinação têm diferentes méritos epistémicos. Embora os dois casos sejam subjetivamente indistinguíveis, para o disjuntivista epistemológico a posição epistémica em que nos encontramos no caso bom, quando vemos que P, é muito melhor do que aquela em que nos encontramos no caso mau, quando pensamos que estamos a ver que P, mas na realidade somos vítimas de uma alucinação. Somente no primeiro caso, em particular, temos à disposição razões que nos permitem saber que P. No caso mau, quando temos a alucinação de que as coisas estão de um certo modo, não estamos na posição de saber que as coisas estão naquele modo, até porque é falso que estejam naquele modo. Mas a tese do disjuntivista epistemológico diz respeito às razões dadas pela alucinação e é a tese de que tais razões não são suficientes para ter conhecimento, mesmo quando as coisas estão como as representamos (por exemplo, quando temos uma alucinação verídica).

Segundo o disjuntivista epistemológico, no caso bom, a nossa posição epistémica é excecionalmente favorável. Porque, em primeiro lugar, nesse caso temos à disposição razões factivas: o facto de eu ver duas mãos, ao contrário do facto de me parecer ver duas mãos, implica que haja duas mãos. Em segundo lugar, porque, quando vemos duas mãos, segundo o disjuntivista epistemológico, podemos dar-nos conta, recorrendo à introspeção, do facto de vermos duas mãos (para além do facto de nos parecer que vemos duas mãos). Portanto, a razão que temos para crer que temos duas mãos, quando vemos duas mãos, é interna à nossa perspetiva epistémica e, portanto, justifica-nos no sentido internalista. Este segundo ponto é filosoficamente mais controverso do que o primeiro (cf., por exemplo, Smithies, 2013; Piazza, 2016).

McDowell (2008; 2011) e Pritchard (2012b) consideram que o disjuntivismo epistemológico põe à disposição uma resposta particularmente prometedora ao *puzzle* cético que examinámos no início do capítulo. Pritchard, que enfrenta explicitamente tal *puzzle*, afirma em particular que, quando estamos no caso bom e vemos duas mãos, estamos na posse de razões factivas e acessíveis à luz das quais podemos não só saber que temos duas mãos, mas também, por inferência, excluir que somos os protagonistas de cenários céticos, como aquele em que somos vítimas$^+$ da Matrix. Portanto, a resposta do disjuntivismo epistemológico é uma resposta neomooreana de tipo internalista, porque nos atribui a capacidade de excluir sermos vítimas$^+$ da Matrix com base em razões internas à nossa perspetiva. Segundo Pritchard (2012b, pp. 122–130), o sucesso da resposta disjuntivista depende estritamente do facto de a hipótese de sermos vítimas$^+$ da Matrix não ser epistemicamente motivada. Se o cético nos desse motivos para pensarmos que somos vítimas$^+$ da Matrix — afirma Pritchard —, não estaríamos racionalmente autorizados a invocar o (presumível) facto de vermos duas mãos, ou seja, algo de incompatível com a hipótese de sermos vítimas$^+$ da Matrix, para descartar tal hipótese. Mas o *puzzle* cético que examinámos no início deste capítulo e que Pritchard enfrenta, efetivamente, não se baseia no facto de termos razões para pensar que somos vítimas$^+$ da Matrix, mas apenas no facto de que não estamos na condição de excluir que o somos. Estando assim as coisas, para Pritchard, a razão factiva que temos à disposição para crer que temos duas mãos favorece a hipótese de não sermos vítimas$^+$ da Matrix e, portanto, embora não seja uma razão à luz da qual possamos discriminar entre os dois casos, permite-nos excluir racionalmente sermos vítimas$^+$ da Matrix.

Mais recentemente, Pritchard (2016) criticou a conceção defendida anteriormente (Pritchard, 2012b) por ser excessivamente ambiciosa e apresentou as linhas gerais de uma nova resposta ao ceticismo. A nova resposta baseia-se numa interpretação de Wittgenstein (1969), em parte alternativa à proposta por Wright (2004), da qual falámos no ponto 5.5. Segundo esta interpretação, a crença de não sermos vítimas⁺ da Matrix não é uma crença entre outras, suscetível de ser avaliada racionalmente. Ao invés, é uma tese a que estamos visceralmente obrigados de modo arracional e que desempenha a função de tornar possível a prática da avaliação racional. Esta interpretação, segundo Pritchard, disponibiliza uma resposta ao cético menos pretensiosa do que aquela apresentada pelo disjuntivista epistemológico. Se não sermos vítimas⁺ da Matrix não é uma crença, suscetível de ser afirmada por razões, é possível conservar o princípio do fechamento — que afirma que se S sabe que P, e deduz de maneira competente Q, então S sabe que Q — e recusar (2), que erroneamente pressupõe que a substituição de Q com a hipótese de não sermos vítimas⁺ da Matrix gera uma instância legítima do princípio do fechamento. Deste modo, é possível conceder (3), preservar o princípio do fechamento e, em simultâneo, não conceder ao cético a negação de (1).

5.7. A resposta contextualista

No ponto 4.8.2 vimos a posição do contextualismo a propósito do conhecimento. Chegou o momento de examinarmos a resposta ao ceticismo que essa posição parece disponibilizar. Como recordamos, o contextualista afirma que o valor de verdade de um enunciado como «O Luigi sabe que tem duas mãos» é sensível ao contexto em que é proferido. Por mais que a situação epistémica do

Luigi permaneça invariável, «O Luigi sabe que tem duas mãos» pode ser verdadeiro, se for proferido num contexto caracterizado por padrões mais relaxados, à luz dos quais a situação epistémica do Luigi é suficientemente boa para saber que tem duas mãos, e falso, se for proferido num contexto com padrões mais exigentes. O facto de as condições de verdade das atribuições de conhecimento variarem consoante o contexto de proferimento pode ser invocado para explicar por que razão encontramos, inicialmente, tão desconcertante o *puzzle* cético, em simultâneo salvaguardando a intuição, expressa por (1), segundo a qual sabemos que temos duas mãos. Pode ser útil utilizar uma comparação para melhor introduzir a estratégia contextualista. Michele tem um metro e noventa de altura. No local de trabalho de Michele, todos acham natural afirmar (1*) que Michele é alto. Porém, certo dia, Pirro, um colega invejoso, faz notar aos colegas (2*) que, se A é mais baixo do que B, e B é baixo, então, A também é baixo. Ninguém tem nada a objetar. Pirro mostra aos colegas a fotografia de uma equipa de basquetebol. Apontando para Corto — que tem apenas um metro e noventa de altura e é, portanto, ultrapassado em altura por todos os colegas da equipa —, Pirro afirma que (3*) é baixo. Também neste caso ninguém objeta. Mas todos protestam veementemente quando Pirro conclui que então (~1*) Michele é baixo e, em prova disso, faz notar que (~1*) resulta logicamente de (2*) e (3*). Os colegas de Michele têm razão em protestar porque o argumento de Pirro é uma falácia. Os colegas de Michele acham contraintuitivo negar que Michele é alto quando esta afirmação é avaliada à luz dos padrões que estão em vigor nas discussões entre os colegas. Pirro parece

opor-se a esta conclusão apenas porque, manipulando os padrões da conversa, consegue impor padrões mais elevados, à luz dos quais Corto e, *a fortiori*, Michele são baixos. Reconhecido este mecanismo argumentativo, os colegas de Michele podem conceder tranquilamente a Pirro ter demonstrado que, à luz dos padrões predominantes no mundo do basquetebol, Michele é baixo e continuar a afirmar que é alto à luz dos padrões usuais.

A resposta do contextualista epistemológico ao cético é em tudo análoga. Achamos contraintuitivo negar que sabemos que temos duas mãos quando esta afirmação é avaliada à luz dos padrões que estão em vigor nas discussões habituais. O cético consegue aparentemente opor-se a esta conclusão só porque, com modalidades que variam de teoria contextualista em teoria contextualista, manipulando os padrões da conversação, consegue impor padrões mais elevados, à luz dos quais afirmamos o falso dizendo que sabemos que não somos vítimas[+] da Matrix e, consequentemente, também afirmando que sabemos que temos duas mãos. Assim que se reconhece este mecanismo argumentativo, podemos tranquilamente conceder ao cético o facto de ter mostrado que, à luz dos padrões mais exigentes que caracterizam uma discussão filosófica, não sabemos que temos duas mãos, e continuar a afirmar que sabemos que temos duas mãos à luz dos padrões ordinários. Esta afirmação não é posta em causa pelo *puzzle* cético. A única coisa que o cético consegue mostrar é que a afirmação de saber de termos duas mãos é falsa quando é proferida nos contextos muito mais exigentes que ele conseguiu impor.

A solução (ou dissolução) do *puzzle* cético proposta pelo contextualista não é considerada satisfatória por todos.

Uma razão para tal pode ser identificada sublinhando uma assimetria entre o caso de Corto e de Michele e o do cético. No caso de Corto, a conversa com Pirro produz uma oscilação entre um contexto mais relaxado, no qual «Corto é alto» diz algo de verdadeiro, e um mais exigente, no qual o mesmo enunciado diz algo falso. Quando nos apercebemos, não temos a impressão de estar perante uma contradição. Porque Corto é alto relativamente à média dos colegas de trabalho e baixo relativamente à altura dos basquetebolistas. Mas, quando confrontamos entre eles a afirmação de saber que temos duas mãos, antes e depois de termos examinado o *puzzle* cético, não é assim tão claro que as coisas estejam do mesmo modo. A maior parte dos críticos do contextualismo, por exemplo, afirma que ocorre o contrário. Quando o cético nos persuadiu a negar saber que temos duas mãos, a afirmação de saber que temos duas mãos parece invariavelmente implicar uma contradição. Isto parece indicar, segundo os críticos em causa, que os padrões à luz dos quais examinamos ambas as afirmações são os mesmos. E parece, portanto, implicar a falsidade do contextualismo.

Bibliografia

Alston, W. P. (1988), *An Internalist Externalism*, in «Synthese», 74, pp. 265–283.

Aristóteles (2014), *Metafísica*, prólogo y traducción de Tomás Calvo Martínez, Editorial Gredos, Madrid.

Baehr, J. (2011), *The Inquiring Mind: On Intellectual Virtues and Virtue Epistemology*, Oxford University Press, Oxford.

Battaly, H. (2015), *A Pluralist Theory of Virtue*, in M. Alfano (ed.), *Current Controversies in Virtue Theory*, Routledge, Nova Iorque, pp. 7–21.

Becker, K. (2007), *Epistemology Modalized*, Routledge, Nova Iorque.

Bergmann, M. (2006), *Justification without Awareness*, Oxford University Press, Oxford.

Black, T. (2007), *Defending a Sensitive Neo-Moorean Invariantism*, in V. F. Hendricks, D. Pritchard (eds.), *New Waves in Epistemology*, Palgrave Macmillan, Basingstoke, pp. 8–27.

Black, T., murphy P. (2007), *In Defense of Sensitivity*, in «Synthese», 154, 1, pp. 53–71.

BOGARDUS, T. (2012), *Knowledge under Threat,* in «Philosophy and Phenomenological Research», 88, 2, pp. 289–313.

BONJOUR, L. (1980), *Externalist Theories of Empirical Knowledge,* in "Midwest Studies in Philosophy", 5, 1, pp. 53–74.

BRONCANO-BERROCAL, F. (2014), *Is Safety in Danger?,* in «Philosophia», 42, pp. 63–81.

BROWN, J. (2008), *Subject-Sensitive Invariantism and the Knowledge Norm for Practical Reasoning,* in «Noûs», 42, 2, pp. 167–189.

CARTER, A. (2016), *Robust Virtue Epistemology as Anti-Luck Epistemology: A New Solution,* in «Pacific Philosophical Quarterly», 97, 1, pp. 140–155.

CHISHOLM, R. (1964), *The Ethics of Requirement,* in «American Philosophical Quarterly», 1–2, pp. 147–153.

____ (1989), *Theory of Knowledge,* Prentice Hall, Englewood Cliffs.

CLARK, M. (1963), *Knowledge and Grounds. A Comment on Mr. Gettier's Paper,* in «Analysis», 24, pp. 46–48.

CODE, L. (1984), *Toward a «Responsibilist» Epistemology,* in «Philosophy and Phenomenological Research», 65, pp. 29–50.

____ (1987), *Epistemic Responsibility,* University Press of New England, Hanover.

COHEN, S. (1998), *Contextualist Solutions to Epistemological Problems: Skepticism, Gettier, and the Lottery,* in «Australasian Journal of Philosophy», 76, 2, pp. 289–306.

COMESAÑA, J. (2005), *Unsafe Knowledge,* in «Synthese», 146, pp. 395–404.

CONEE, E., FELDMAN, R. (2004), *Evidentialism. Essays in Epistemology,* Oxford University Press, Oxford.

Davidson, D. (1963), *Actions, Reasons, and Causes*, in «The Journal of Philosophy», 60, pp. 685–700.

De almeida, C., fett, J. R. (2015), *Defeasibility and Gettierization: A Reminder*, in «Australasian Journal of Philosophy», 94, 1, pp. 152–169.

Derose, K. (1995), *Solving the Skeptical Problem*, in «The Philosophical Review», 104, pp. 1–52.

____ (2009), *The Case for Contextualism*, Oxford University Press, Oxford.

Descartes (1988), *Meditações sobre a Filosofia Primeira*, introdução, tradução e notas de Gustavo Fraga, Livraria Almedina, Coimbra.

Dretske, F. (1970), *Epistemic Operators*, «The Journal of Philosophy», 67, 24, pp. 1007–1023.

Engel, M. JR. (1992), *Is Epistemic Luck Compatible with Knowledge?*, in «Southern Journal of Philosophy», 30, pp. 59–75.

Fantl, J., mcgrath, M. (2002), *Evidence, Pragmatics and Justification*, in «Philosophical Review», 111, 1, pp. 67–94.

____ (2007), *On Pragmatic Encroachment in Epistemology*, in «Philosophy and Phenomenological Research», 75, 3, pp. 558–589.

____ (2009), *Knowledge in an Uncertain World*, Oxford University Press, Oxford.

Feldman, R. (2003), *Epistemology*, Prentice Hall, Upper Saddle River.

Fodor, J. (1968), *The Appeal to Tacit Knowledge in Psychological Explanation*, in «The Journal of Philosophy», 65, 20, pp. 627–640.

Foley, R. (2012), *When Is True Belief Knowledge?*, Princeton University Press, Princeton.

FUMERTON, R. (1995), *Metaepistemology and Skepticism*, Rowman & Littlefield, Lanham.

GETTIER, E. (1963), *Is Knowledge Justified True Belief?*, in «Analysis», 23, 6, p. 121–123.

GINET, C. (1975), *Knowledge, Perception, and Memory*, Reidel, Dordrecht.

GOLDMAN, A. (1967a), *A Causal Theory of Knowledge*, in «The Journal of Philosophy», 64, 12, pp. 357–372.

____ (1967b), *Discrimination and Perceptual Knowledge*, in «The Journal of Philosophy», 73, 20, pp. 771–791.

____ (1979), *What is Justified Belief?*, in Pappas (1979), pp. 1–23.

____ (2008), *Williamson on Knowledge and Evidence*, in D. PRITCHARD (ed.), *Williamson on Knowledge*, Oxford University Press, Oxford, pp. 73–91.

GRECO, J. (2000), *Two Kinds of Intellectual Virtues*, in «Philosophy and Phenomenological Research», 60, 1, pp. 179–84.

____ (2002), *Virtues in Epistemology*, in P. MOSER (ed.), *Oxford Handbook of Epistemology*, Oxford University Press, Oxford, pp. 287–335.

____ (2003), *Knowledge as Credit for True Belief*, in M. DEPAUL, L. ZAGZEBSKI (eds.), *Intellectual Virtue: Perspectives from Ethics and Epistemology*, Ox*Ford* University Press, Oxford, pp. 111–34.

____ (2007a), *The Nature of Ability and the Purpose of Knowledge*, in «Philosophical Issues», 18, 1, pp. 57–69.

____ (2007b), *Worries about Pritchard's Safety*, in «Synthese», 158, 3, pp. 299–302.

____ (2008), *What's Wrong with Contextualism?*, in «The Philosophical Quarterly», 58, 232, pp. 416–36.

____ (2010), *Achieving Knowledge: A Virtue-Theoretic Account of Epistemic Normativity*, Cambridge University Press, Cambridge.

GRUNDMANN, T. (2011), *Defeasibility Theory*, in S. BERNECKER, D. PRITCHARD (eds.), *Routledge Companion to Epistemology*, Routledge, Nova Iorque, pp. 156–166.

HARMAN, G. (1970), *Knowledge, Reasons, and Causes*, in «The Journal of Philosophy», 67, pp. 841–855.

____ (1973), *Thought*, Princeton University Press, Princeton.

HASAN, A. (2014), *Knowledge by Acquaintance vs. Description*, in «Stanford Encyclopedia of Philosophy», <http://plato.stanford.edu/entries/knowledge-acquaindescrip/>.

HAWTHORNE, J. (2003), *Knowledge and Lotteries*, Oxford University Press, Oxford.

HORWICH, P. (1990), *Truth*, Basil Blackwell, Oxford.

HUEMER, M. (2001), *Skepticism and the Veil of Perception*, Rowman & Littlefield, Lanham.

____ (2007), *Compassionate Phenomenal Conservatism*, in «Philosophy and Phenomenological Research», 74, 1, pp. 30–55.

JENKINS, K. (2007), *Entitlement and Rationality*, in «Synthese», 157, 1, pp. 25–45.

KARTTUNEN, L. (1977), *Syntax and Semantics of Questions*, in «Linguistics and Philosophy», 1, pp. 3–44.

KELLY, T. (2003), *Epistemic Rationality as Instrumental Rationality. A Critique*, in «Philosophy and Phenomenological Research», 66, 3, pp. 612–640.

KLEIN, P. D. (1976), *Knowledge, Causality, and Defeasibility*, in «The Journal of Philosophy», 73, pp. 792–812.

____ (1981), *Certainty: A Refutation of Scepticism*, University of Minnesota Press, Mineápolis.

LACKEY, J. (2006), *Learning from Words*, in «Philosophy and Phenomenological Research», 73, 1, pp. 77–101.

____ (2007), *Why We Don't Deserve Credit for Everything We Know*, in «Synthese», 158, 3, pp. 345–361.

LEHRER, K. (1974), *Knowledge*, Oxford University Press, Oxford.

LEHRER, K., COHEN, S. (1983), *Justification, Truth, and Coherence*, in «Synthese», 55, pp. 191–207.

LEHRER, K., PAXON, T. (1969), *Knowledge: Undefeated Justified True Belief*, in «Journal of Philosophy», 66, 8, pp. 225–237.

LEWIS, D. K. (1973), *Counterfactuals*, Blackwell, Oxford.

____ (1979), *Scorekeeping in a Language Game*, in «Journal of Philosophical Logic», 8, 1, pp. 339–359.

____ (1996), *Elusive Knowledge*, in «Australasian Journal of Philosophy», 74, 4, pp. 549-567.

MCCAIN, K. (2012), *The Interventionist Account of Causation and the Basing Relation*, in «Philosophical Studies», 159, pp. 357–382.

MCDOWELL, J. (2008), *The Disjunctive Conception of Experience as Material for a Transcendental Argument*, in A. HADDOCK, F. MACPHERSON (eds.), *Disjunctivism: Perception, Action, Knowledge*, Oxford University Press, Oxford, pp. 376–389.

____ (2011), *Perception as a Capacity for Knowledge*, Marquette University Press, Milwaukee.

MCGLYNN, A. (2014), *Knowledge First?*, Palgrave Macmillan, Londres.

MOORE, G. E. (1959a), *Proof of an External World*, in *Idem, Philosophical Papers*, Allen and Unwin, Londres, pp. 127–150.

____ (1959b), *A Defense of Common Sense*, in *Idem, Philosophical Papers*, Allen and Unwin, Londres, pp. 32–59.

MORETTI, L., PIAZZA, T. (2013), *Transmission of Justification and Warrant*, in «Stanford Encyclopedia of Philosophy», <http://plato.stanford.edu/entries/transmission-justification-warrant/>.

MOSER, P. (1989), *Knowledge and Evidence*, Cambridge University Press, Cambridge.

MYERS-SCHUTZ, B., SCHWITZGEBEL, E. (2013), *Knowing that P without Believing that P*, in «Nous», 47, pp. 371–384.

NETA, R. (2007), *Fixing the Transmission: The New Mooreans*, in S. NUCCETELLI, G. SEAY (eds.), *Themes from G. E. Moore: New Essays in Epistemology and Ethics*, Oxford University Press, Oxford, pp. 62–83.

NOË, A. (2005), *Against Intellectualism*, in «Analysis», 65, 4, pp. 278–290.

NOZICK, R. (1981), *Philosophical Explanations*, Harvard University Press, Cambridge (Mass.).

PAPPAS, G. S. (1979), *Justification and Knowledge: New Studies in Epistemology*, Reidel, Dordrecht.

PIAZZA, T. (2016), *Counterfeiting Perceptual Experience: Scepticism, Internalism, and the Disjunctive Conception of Experience*, in «Journal of Consciousness Studies», 23, 7-8, pp. 100–131.

PLANTINGA, A. (1993), *Warrant: The Current Debate*, Oxford University Press, Oxford.

PLATÃO (1992), *Ménon*, tradução e notas de Ernesto Rodrigues Gomes, Edições Colibri, Lisboa.

PLATÃO (2005), *Teeteto*, tradução de Adriana M. Nogueira e Marcelo Boeri, Fundação Calouste Gulbenkian, Lisboa.

POLLOCK, J. L. (1986), *Contemporary Theories of Knowledge*, Rowman & Littlefield, Lanham.

Pritchard, D. (2005), *Epistemic Luck*, Oxford University Press, Oxford.

____ (2007), *Anti-Luck Epistemology*, in «Synthese», 158, pp. 277–298.

____ (2008), *Sensitivity, Safety, and Anti-luck Epistemology*, in Greco (ed.) *The Oxford Handbook of Skepticism*, Oxford University Press, Oxford.

____ (2009), *Safety-Based Epistemology: Whither Now?*, in «Journal of Philosophical Research», 34, pp. 33–45.

____ (2012a), *Anti-Luck Virtue Epistemology*, in «Journal of Philosophy», 109, 3, pp. 247–279.

____ (2012b), *Epistemological Disjunctivism*, Oxford University Press, Oxford.

____ (2016), *Epistemic Angst. Radical Skepticism and the Groundlessness of Our Believing*, Princeton University Press, Princeton.

Pryor, J. (2000), *The Skeptic and the Dogmatist*, in «Noûs», 34, pp. 517–549.

Quine, W. O. (1970), *Philosophy of Logic*, Harvard University Press, Cambridge (Mass.).

Rabinowitz, D. (2011), *The Safety Condition for Knowledge*, in «Internet Encyclopedia of Philosophy», <http://www.iep.utm.edu/safetyc/>.

Radford, C. (1966), *Knowledge by Examples*, in «Analysis», 27, pp. 1–11.

Ramsey, F. (1964), *Fatti e proposizioni*, in *Idem, I fondamenti della matematica e altri scritti di logica*, Feltrinelli, Milão, pp. 155–172.

Reichenbach, H. (1938), *Experience and Prediction*, Chicago University Press, Chicago.

Roush, S. (2005), *Tracking Truth: Knowledge, Evidence, and Science*, Oxford University Press, Oxford.

RUSSELL, B. (1910) *Knowledge by Acquaintance and Knowledge by Description*, in «Proceedings of the Aristotelian Society», 11, pp. 108–128.

____ (1948), *Human Knowledge: Its Scope and Limits*, George Allen and Unwin Ltd, Londres.

____ (2008) [1912]. *Os Problemas da Filosofia*, Edições 70, Lisboa.

RYLE G. (1949), *The Concept of Mind*, Chicago University Press, Chicago.

SENOR, T. D. (1996), *The Prima/Ultima Facie Distinction in Epistemology*, in «Philosophy and Phenomenological Research», 56, 3, pp. 551–566.

SMITHIES, D. (2013), *Review of Duncan Pritchard's Epistemological Disjunctivism*, in «Notre Dame Philosophical Reviews» <ndpr.nd.edu/news/36590-epistemological-disjunctivism/>.

SNOWDON, P. (2008), *Hinton and the Origins of Disjunctivism*, in A. HADDOCK, F. MACPHERSON (eds.), *Disjunctivism: Perception, Action, Knowledge*, Oxford University Press, Oxford, pp. 35–56.

SOSA, E. (1991), *Knowledge in Perspective*, Cambridge University Press, Cambridge.

____ (1999), *How to Defeat Opposition to Moore*, in «Philosophical Perspectives», 13, pp. 141–154.

____ (2000), *Skepticism and Contextualism*, in «Philosophical Issues», 10, pp. 1–18.

____ (2007), *A Virtue Epistemology: Apt Belief and Reflective Knowledge*, Oxford University Press, Oxford.

____ (2011), *Knowing Full Well*, Princeton University Press, Princeton.

____ (2015), *Virtue Epistemology: Character versus Competence*, in M. ALFANO (ed.), *Current Controversies in Virtue Theory*, Routledge, Nova Iorque, pp. 62–73.

STANLEY, J. (2005), *Knowledge and Practical Interests,* Oxford University Press, Oxford.

STANLEY, J., WILLIAMSON, T. (2001), *Knowing How,* in «The Journal of Philosophy», 98, 8, pp. 411–444.

SWAIN, M. (1974), *Epistemic Defeasibility,* in «American Philosophical Quarterly», 11, 1, pp. 15–25.

____ (1979), *Justification and the Basis of Belief,* in *Pappas* (1979), pp. 25–50.

TURRI, J. (2011), *Manifest Failure. The Gettier's Problem Solved,* in «Philosophers' Imprint», 11, 8, pp. 1–11.

____ (2012), *In Gettier's Wake,* in S. HETHERINGTON (ed.), *The Key Thinkers,* Continuum, Londres, pp. 214–229.

WHITE, R. (2006), *Problems for Dogmatism,* in «Philosophical Studies», 131, 3, pp. 525–557.

WILLIAMS, B. (1981), *Internal and External Reasons,* in *Idem Moral Luck,* Cambridge University Press, Cambridge, pp. 101–113.

WILLIAMSON, T. (2000), *Knowledge and Its Limits,* Oxford University Press, Oxford.

WITTGENSTEIN, L. (1999), *On Certainty,* Harper and Row, Nova Iorque.

WRIGHT, C. (1985), *Facts and Certainty,* in «Proceedings of the British Academy», 71, pp. 429–472.

____ (1987), *Realism, Meaning and Truth,* Blackwell, Oxford.

____ (2002), *(Anti-)Sceptics Simple and Subtle: G. E. Moore and John McDowell,* in «Philosophy and Phenomenological Research», 65, pp. 330–348.

____ (2003), *Some Reflections on the Acquisition of Warrant by Inference,* in S. NUCCETELLI (ed.), *New Essays on Semantic Externalism and Self-Knowledge,* MIT Press, Cambridge, pp. 57–77.

____ (2004), *Warrant for Nothing (and Foundations for Free?)*, in «Proceedings of the Aristotelian Society», 78, pp. 167–212.

____ (2007), *Perils of Dogmatism*, in S. Nuccetelli (ed.), *Themes from G. E. Moore: New Essays in Epistemology and Ethics*, Oxford University Press, Oxford, pp. 25–48.

____ (2011), *McKinsey One More Time*, in A. Hatzimoysis (ed.), *Self-Knowledge*, Oxford University Press, Oxford, pp. 80–104.

Zagzebski, L. (1994), *The Inescapability of Gettier Problem*, in «The Philosophical Quarterly», 44, 174, pp. 65–73.

____ (1996), *Virtues of the Mind: An Inquiry into the Nature of Virtue and the Ethical Foundations of Knowledge*, Cambridge University Press, Cambridge.

BIBLIOTECA DE FILOSOFIA CONTEMPORÂNEA

1. *Mente, Cérebro e Ciência*, John Searle
2. *Teoria da Interpretação*, Paul Ricoeur
3. *Técnica e Ciência como Ideologia*, Jürgen Habermas
4. *Anotações sobre as Cores*, Ludwig Wittgenstein
5. *Totalidade e Infinito*, Emmanuel Levinas
6. *As Aventuras da Diferença*, Gianni Vattimo
7. *Ética e Infinito*, Emmanuel Levinas
8. *O Discurso da Acção*, Paul Ricoeur
9. *A Essência do Fundamento*, Martin Heidegger
10. *A Tensão Essencial*, Thomas Kühn
11. *Fichas (Zettel)*, Ludwig Wittgenstein
12. *A Origem da Obra de Arte*, Martin Heidegger
13. *Da Certeza*, Ludwig Wittgenstein
14. *A Mão e o Espírito*, Jean Brun
15. *Adeus à Razão*, Paul Feyerabend
16. *Transcendência e Inteligibilidade*, Emmanuel Levinas
18. *Ideologia e Utopia*, Paul Ricoeur
19. *O Livro Azul*, Ludwig Wittgenstein
20. *O Livro Castanho*, Ludwig Wittgenstein
21. *O Que é uma Coisa*, Martin Heidegger
22. *Cultura e Valor*, Ludwig Wittgenstein
23. *A Voz e o Fenómeno*, Jacques Derrida
24. *O Conhecimento e o Problema Corpo-Mente*, Karl R. Popper
25. *A Crítica e a Convicção*, Paul Ricoeur
26. *História da Ciência e suas Reconstruções Racionais*, Imre Lakatos
27. *O Mito do Contexto*, Karl R. Popper
28. *Falsificação e Metodologia dos Programas de Investigação Científica*, Imre Lakatos
29. *O Fim da Idade Moderna*, Romano Guardini
30. *A Vida é Aprendizagem*, Karl R. Popper
31. *Elogio da Teoria*, Hans-Georg Gadamer
32. *Racionalidade e Comunicação*, Jürgen Habermas
33. *Palestras*, Maurice Merleau-Ponty
34. *Cadernos, 1914-1916*, Ludwig Wittgenstein
35. *A Filosofia no Século XX*, Remo Bodei
36. *Os Problemas da Filosofia*, Bertrand Russell
37. *Ética da Autenticidade*, Charles Taylor
38. *Bios. Biopolítica e Filosofia*, Roberto Esposito
39. *A Luta pelo Reconhecimento*, Axel Honneth
40. *Amor e Justiça*, Paul Ricoeur
41. *Vivo até à Morte seguido de Fragmentos*, Paul Ricoeur
42. *O Aberto. O Homem e o Animal*, Giorgio Agamben
43. *Temperamentos Filosóficos*, Peter Sloterdijk
44. *Deus, a Morte e o Tempo*, Emmanuel Levinas
45. *A Simbólica do Mal*, Paul Ricoeur
46. *A Arqueologia do Saber*, Michel Foucault
47. *Diálogo sobre a História e o Imaginário Social*, Paul Ricoeur e Cornelius Castoriadis
48. *Mobilização Total*, Maurizio Ferraris
49. *De Fora. Uma filosofia para a Europa*, Roberto Esposito
50. *Os Mestres da Humanidade*, Karl Jaspers
51. *Conjeturas e Refutações*, Karl Popper
52. *O que é o Conhecimento*, Tommaso Piazza